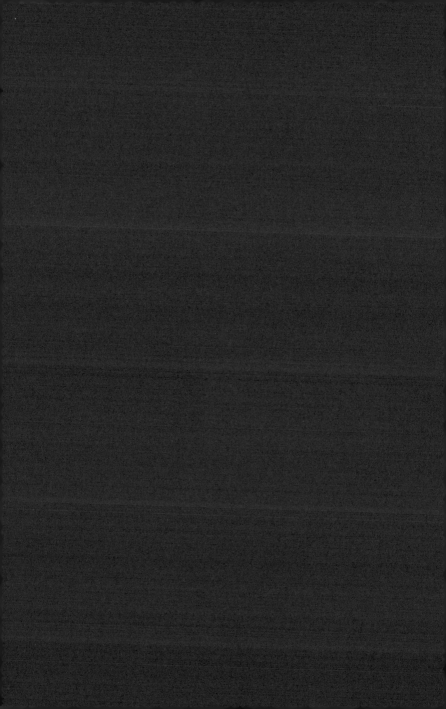

“知ってるつもり”から抜け出す！

「政治のしくみ」がイチからわかる本

坂東太郎
日本ニュース時事能力検定協会 委員

日本実業出版社

はじめに

私は「ニュース解説者」です。学者でもなければ政界の仕事をして内部を深く知りうる立場になった経験もありません。多少の取材経験はあるといっても、「政治部何十年」といった報道記者などの方とは比較になりません。

ニュース解説の仕事をするようになったきっかけは、「政治がわからん！」といった類の質問をされる機会が増えたからです。専門家の著作を読んでみると、また取材して話を聞いてみると、深さにおいて到底及ばない半面で「これで理解できるのかな」と疑問を持つこともしばしばでした。要するに当の本人である私の頭がさしてよくないのです。

例えば「国会は唯一の立法機関」という表現は中学校の教科書にも載っていますが、「立法」とは何かわかりますか？「法律を作る」ぐらいは理解できても、多くの人からすれば「守る」ものである法律を、「作る」とはどういうことなのか、ピンとは来ません。

「政府」という言葉でさえ、実態をつかむのは困難です。しかしニュースでは平然と「政府は」という主語を用います。これでは「政治がわからん！」となっても当然です。

つまり本書は、大して頭がよくないくせに、なぜか解説を依頼される機会が多くなった私が、「政治」についてそれなりに皆さんが納得できるよう、かみ砕いてまとめたものです。「だいたいこんな感じだろう」と厳密さに欠ける記述もありますが、その分、わかりやすさを追求するようにしました。

なお私は、2007年から始まった「ニュース時事能力検定」の委員をしています。今までに検定のテキストを用いて、大学での授業やE-ラーニングによる解説、試験の直前対策の講師などを務めてきました。その結果、テキストで特に「これはわかりやすい」と感じた表記が、知らない間に染みついてしまっています。

したがって、本書すべての参考文献、引用元として『ニュース時事能力検定公式テキスト&問題集「時事力」基礎編』『ニュース時事能力検定公式テキスト「時事力」発展編』(発売:毎日新聞出版)を挙げさせていただきます。

最後に、企画段階からお世話になった日本実業出版社編集部に深く御礼申しあげます。

2016年5月

坂東 太郎

“知ってるつもり”から抜け出す！「政治のしくみ」が〈イチから〉わかる本◎もくじ

第2章 日本の選挙制度

第4章 総理大臣と行政の仕事

第6章 他国とのかかわり方

第7章 地方政治の実情

第8章　戦後の日本政治の流れ

本文DTP／一企画
カバーデザイン／中村勝紀（TOKYO LAND）

※本書の内容は2016年5月現在の法令等に基づいています。

第1章

政治のことで知っておきたい基礎知識

1

選挙はなぜ、行われるのか？

最も支持されている「代表を選ぶ」ための手法

KNOWLEDGE OF POLITICS FOR CITIZENS

国民は豊かで安全な生活を送りたいと願っています。しかし「安全」1つをとってもさまざまなとらえ方があります。

「警察の力を強くして悪い人をどんどん捕まえてほしい」と思うのか、「争いの種になりそうな理由を社会から取り除いていく」ほうが先だとか……。

したがって良い社会を作るためには、なるべく多くの人たちがじっくりと話し合って、一番いいと考えられる結論を全員一致で決めるのがベストです。しかし国家という大きな単位となると、日本人全員が一堂に会して話し合う場所も時間もありません。

そこで「自分自身が代表となって自分に賛同してくれる人の意見を反映する」か、もしくは「自身の考えに合った意見の持ち主の誰かを代表に選んで、代わりに自分の意見を実現してもらう」という方法が有効であると考えられるようになりました。

では、代表を選ぶのはどのような方法がいいのでしょうか。おそらく選ぶ側も選ばれる側も、人数が多いほうがより好ましい結果が出るはずです。

国家の代表ともなれば、国民すべてが参加して「この人がいい」と決めたほうが、そうでないよりもいい結果になるはずです。選ばれる側もなるべく多数が名乗り出られるようにすれば選択肢が広がります。

次にどのように選ぶのか、という手法に移ります。やり方はいくらでもありますが、そのなかでたぶん最も適切であろうと今日の民主主義国家が選択しているのが**「選挙」**という方法なのです。

むろん絶対的とはいえません。生徒会長に立候補した有力な3人がいて、その票が35%、34%、31%と割れたら、最も多く票を得て代表となった者（35%）を支持していない人々のほうが圧倒的多数になる（65%）など、問題も多くはらんでいます。しかし、だからといって選挙よりもくじ引きのほうが納得するかというとおそらくそうではないでしょう。

選挙とはできるだけ多くの人が「選ぶ」「選ばれる」側として参加できるのを前提にして行われる、**「代表として最適な人材」を見出すための、現時点で最も支持されている方法といえます。**

2

民主主義とは

その特徴と欠点を見てみよう

KNOWLEDGE OF POLITICS FOR CITIZENS

「○○主義」というと思想を思い起こさせますが、**民主主義は「民主的なしくみ」と考えたほうが正確です。その「しくみ」は、前述の選挙によって代表者を送り込んで意思決定を行ってもらう（間接民主制度）という意味で用います。**

民主主義とは何かというとさまざまな解釈があり、延々と紹介しても本書の趣旨に合いませんので現在の日本で説明します。

日本は国民主権の国です。主権とは「国家の決定権者」を指します。したがって意思決定のすべては国民の合意が必要となります。

あらゆる秩序は国民が自ら考え、変更すべきは改め、必要であれば新設するといった積極的な価値観が1人1人に求められます。そして、それを実現する代表を議会などへ送り込む責任が、主権者（国民）にはあるのです。

「私の1票では何も変わらないから」と棄権者の声がよく紹介されます。これでは本末転倒で、**「私の1票で変える」（あるいは「変えない」）と信じるところから、民主主義は始まるのです。**

民主主義の欠点を挙げればきりがありません。意思決定に時間がかかるとか、愚か者が愚か者を代表に選んでしまう恐れがあるとか、いちいち選挙をせずに一部のエリートに委ねておいたほうが賢明かもしれないとか、カネや利権で有権者は容易につられるとか……。また、テロリストのような民主主義を信じていない者にまで権利を与えるのはおかしいという議論もあります。

それでもイギリスのチャーチル元首相が1947年に言った「民主主義は最悪の政治形態である。ただし、これまで試されてきたすべての政治形態を除けば」という言葉は重いのです。

この言葉には、「確かに問題はあるが、民主主義よりも絶対君主制、封建制、独裁政権のほうがましかというと、それは違う」という意味が含まれています。

戦争屋とののしられながら、第二次世界大戦時のイギリス首相として勝利目前に行われた総選挙で、反対党に敗れて退陣するといった経歴を持つ、彼らしい民主主義への愛着と不信をない交ぜにした言葉といえます。

3

政治の種類

世界にはさまざまな統治形態が存在する

KNOWLEDGE OF POLITICS FOR CITIZENS

現存する政治体制としては、

①皇帝や国王といった君主が一元的に支配する**「絶対君主制」**

②君主は存在するものの政治の決めごとは選挙された代表によって任せられる**「立憲君主制」**

③君主は存在せず選挙された代表のみで政治をとりおこなう**「共和制」**

④事実上個人が権力を一手に握る**「独裁制」**

⑤**「共産主義体制」**

⑥その他、

があります。

①の国王による絶対君主制は、現在は中東のサウジアラビアやオマーン、アフリカのス

ワジランドなどで存在します。かつては広く見られた政治体制でしたが今や少数派です。

②の立憲君主制の代表はイギリスです。実はイギリス国王（または女王）は国家の大権の1つである統帥権（軍隊の指揮権）を持っています。しかし長い歴史の間に王の独走を許さないシステムができており、実質的な国家の運営は選挙で選ばれた代表に委ねられています。

スペイン、オランダ、ベルギー、デンマークなどにも王がいます。いずれも「国家元首」であっても国政への直接関与はなく、選挙によって地位を得た首相（内閣総理大臣）が内政・外交などのリーダーとなっています。

日本の場合、天皇は「象徴」で国家元首として明確に位置づけられていません。ただ欧州のケースときわめて似ているのも事実なので、わが国は事実上の立憲君主制といえそうです。

③の共和制は主に大統領を選んで国家元首とします。共和制はさらに大きく次の2つに分けられます。

（A）大統領の政治的権限は儀礼程度に止め、実質は首相が担う

さまざまな政治の種類

絶対君主制
サウジアラビア、
オマーン、スワジランド
など

立憲君主制
イギリス、スペイン、
オランダ、デンマーク
など

共和制
ドイツ、フランス、
アメリカ、スイス　など

独裁制
ジンバブエ、スーダン、
ベラルーシ　など

共産主義体制
中国、キューバ、
ベトナムなど

その他
北朝鮮、シリア　など

（B）大統領に強大な権限が与えられ、首
相はいないか内政に専念する

前者の代表がドイツで、後者はフランスです。アメリカはほぼB。ただし建国以来の経緯があって大統領選は完全な直接選挙ではありません。

④の独裁制は、君主でない者が長期間権力を独占し、選挙制度があったとしても不正や対抗勢力への圧力がうわさされるような国家です。アフリカではジンバブエのムガベ大統領が首相時代から30年以上、スーダンのバシール大統領も20年以上全権を握っています。東ヨーロッパでもベラルーシのルカシェンコ大統領が20年以上その地位にあります。

⑤の共産主義体制の代表例は中国です。中国では、党のトップである「総書記」と、党の軍隊である人民解放軍の「軍事委員会主席」を兼ねた人物が、ほぼ自動的に国の代表である「国家主席」に就きます。

⑥の「その他」とは、ここまでに解説したどの体制にもあてはまらない、あるいは複数にあてはまりそうなケースです。

北朝鮮の政権は3代世襲が続いているため①の絶対君主に近いものの国王ではありません。共産主義を名乗っているので⑤の共産主義体制のようであっても、共産主義に世襲という概念が存在しないので異なります。最高権力者3代合わせれば④の独裁者に当たります。シリアのアサド大統領も2代目で、①と④を兼ね備えている状態です。

なお、現在、「民主主義国家」といわれている国々は、②立憲君主制か、③共和制を採用しているケースが一般的です。

4

三権分立を知ろう

相互のチェック機能で権力の暴走を防ぐ

日本国憲法は「三権分立」を採用しています。条文をみると、

41条　国会は、国権の最高機関であつて、国の唯一の立法機関である。
65条　行政権は、内閣に属する。
76条　すべて司法権は、最高裁判所及び法律の定めるところにより設置する下級裁判所に属する。

とあります。つまり、「立法」「行政」「司法」が三権ということになります。

三権分立を説いたのはフランスの思想家モンテスキューです。著書の『法の精神』（1748年）によると、権力を持つ者はむやみやたらと権力を使いたがり、最終的には極限まで使うようになるのは過去の歴史から明らかだと示し、政治的な自由を保つには権力の

KNOWLEDGE OF POLITICS FOR CITIZENS

分立が必要だと指摘しました。この思想が1789年のフランス人権宣言16条にある「権利の保障が確保されず、権力の分立が定められていないすべての社会は、憲法を有しない」という考えに結びつき、現在では民主主義の基本となっています。

三権のうち**「立法」**とは法律を作る（直したり廃止したりも含む）機能です。日本人の多くは「法律は守るべきだ」と信じています。「法的拘束力」という言葉があるように、法律を守らなければいけない義務があり、場合によっては罰則もあります。こうしたルール（法律）を定められるのは、日本では国会（衆議院と参議院）だけです。

「司法」とは裁判所です。裁判というと悪いことをしたかどうかを裁く「罪と罰」にだけ関心が行きがちで、善良な大半の国民は「自分には関係ない」と思っているかもしれません。事実として、ほとんどの人は刑事被告人（罪を犯した可能性があるとして裁判所へ起訴された人）にはなりません。しかし裁判には民事（もめごと解決）もあります。遺産相続や離婚などですったもんだしたら国が裁いてくれるのです。

「行政」は国民への公的サービスを行うことです。おおよそ「国の仕事」から立法と司法を引いた残りすべてが該当すると考えてよさそうです。首相（内閣総理大臣）をリーダーとする内閣（首相と国務大臣）をトップに、政策立案を行う国家公務員が集まる府省庁

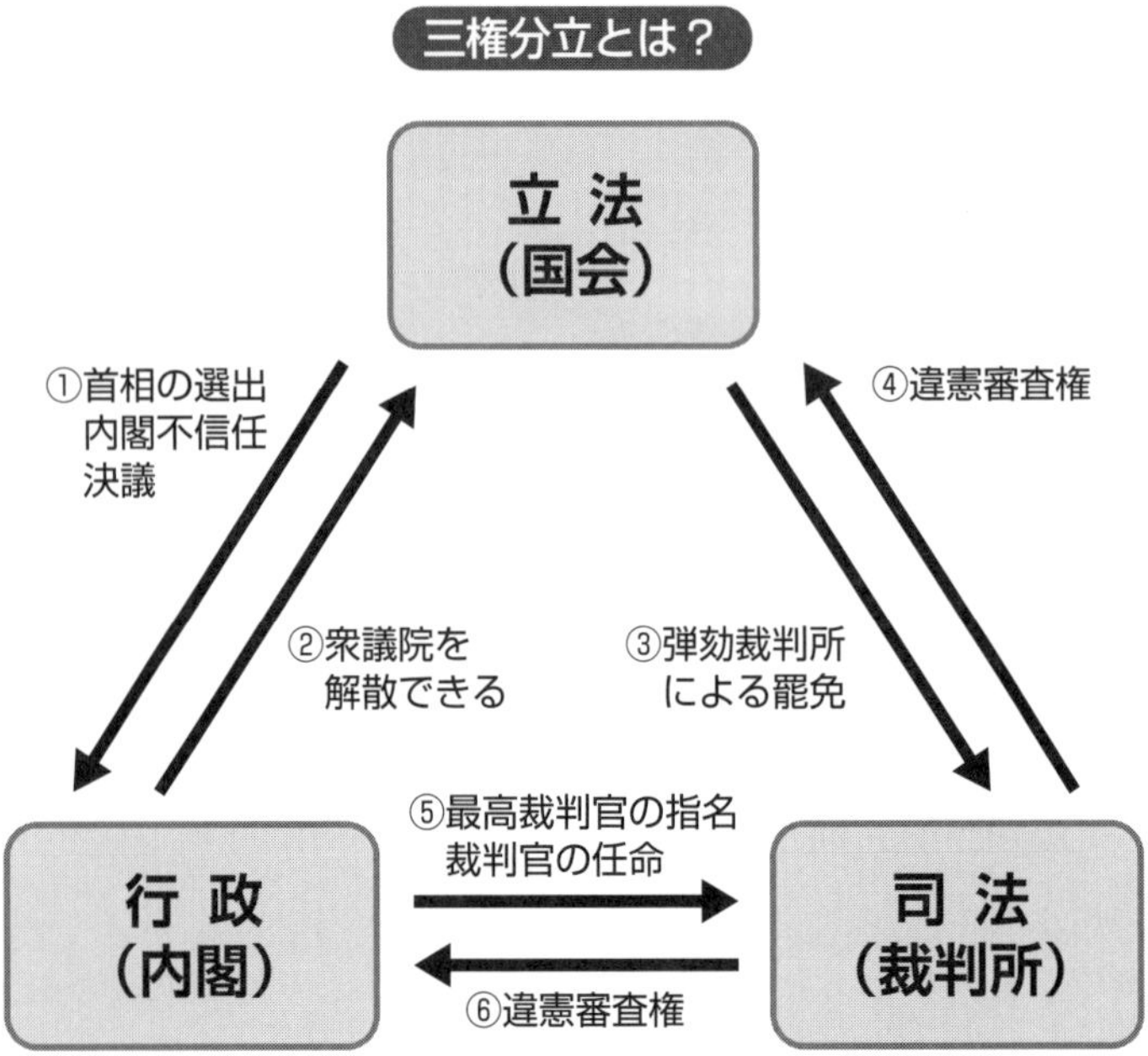

（厚生労働省や文部科学省など）がこの業務を担っています。

●三権の暴走のチェック機能

「分立」とあるように三権は互いにチェック機能を持っていて暴走を防ぎます。

①立法から行政へのチェック

行政トップの首相は、必ず国会議員から選出され、国会（立法府）が指名します。また衆議院には首相らの退陣（総辞職）を求める**「内閣不信任決議」**をする権限があります。

②行政から立法へのチェック

一方、首相は衆議院を解散する、つまり

いったん全員をクビにする権限を有します。内閣不信任決議がなされたら総辞職を選ばない限り解散（憲法69条解散）となります。他にも事実上首相がふと「衆議院を解散しようかな」と思ったら誰にも止められない「憲法7条解散」もあります（58ページ）。

③立法から司法へのチェック

裁判官はめったにクビにならないよう手厚い保障が憲法に記載されていますが、国会議員が構成する**「裁判官弾劾《だんがい》裁判所」**は裁判官の罷免《ひめん》（辞めさせる）権限を持っています。

④司法から立法へのチェック

裁判所は、国会が作った法律が憲法に違反しているかどうかを審査できる**「違憲審査権」**を持っています。最終的には最高裁判所の決定となりますが、地方裁判所や高等裁判所も違憲判決を下せます。

⑤行政から司法へのチェック

内閣は最高裁判所長官の指名および裁判官の任命権を持っています。長官を任命するのは天皇。でも天皇が行う国事行為については、「内閣の助言と承認により」行うとあるので、実質的には首相に決定権があるといえましょう。

⑥司法から行政へのチェック

先の違憲審査権は、国会のみならず内閣の決めごとにも及びます。

このように三権がまるでグー・チョキ・パーの如く互いを監視し合って、1つの権力が突出して暴走しないよう定めてあるのです。

5

「議院内閣制」のしくみ

「行政」と「立法」がリンクしている制度

KNOWLEDGE OF POLITICS FOR CITIZENS

「議院内閣制」とは、行政トップの内閣が立法府（国会）で信任されるのを条件とする制度で、日本が採用しています。

首相は国会議員（立法府の一員）でなければならず、立法府の指名選挙で選ばれます。首相が任命する国務大臣の過半数も国会議員から選ばなければなりません。国会の召集も首相の権限です。

首相の指名は衆議院、参議院の両院で行われるものの、最終的には衆議院の議決が優先されます（27ページ）。したがって首相を自分たちの陣営から出したければ衆議院議員の選挙（全員を選び直すので**総選挙**といいます）で多数を獲得すればいいわけで、しばしば総選挙が「政権選択選挙」と呼ばれるのはこのためです。

議院内閣制のいいところは首相の味方である**「与党」**がほぼ確実に衆議院の過半数を占

議院内閣制とは

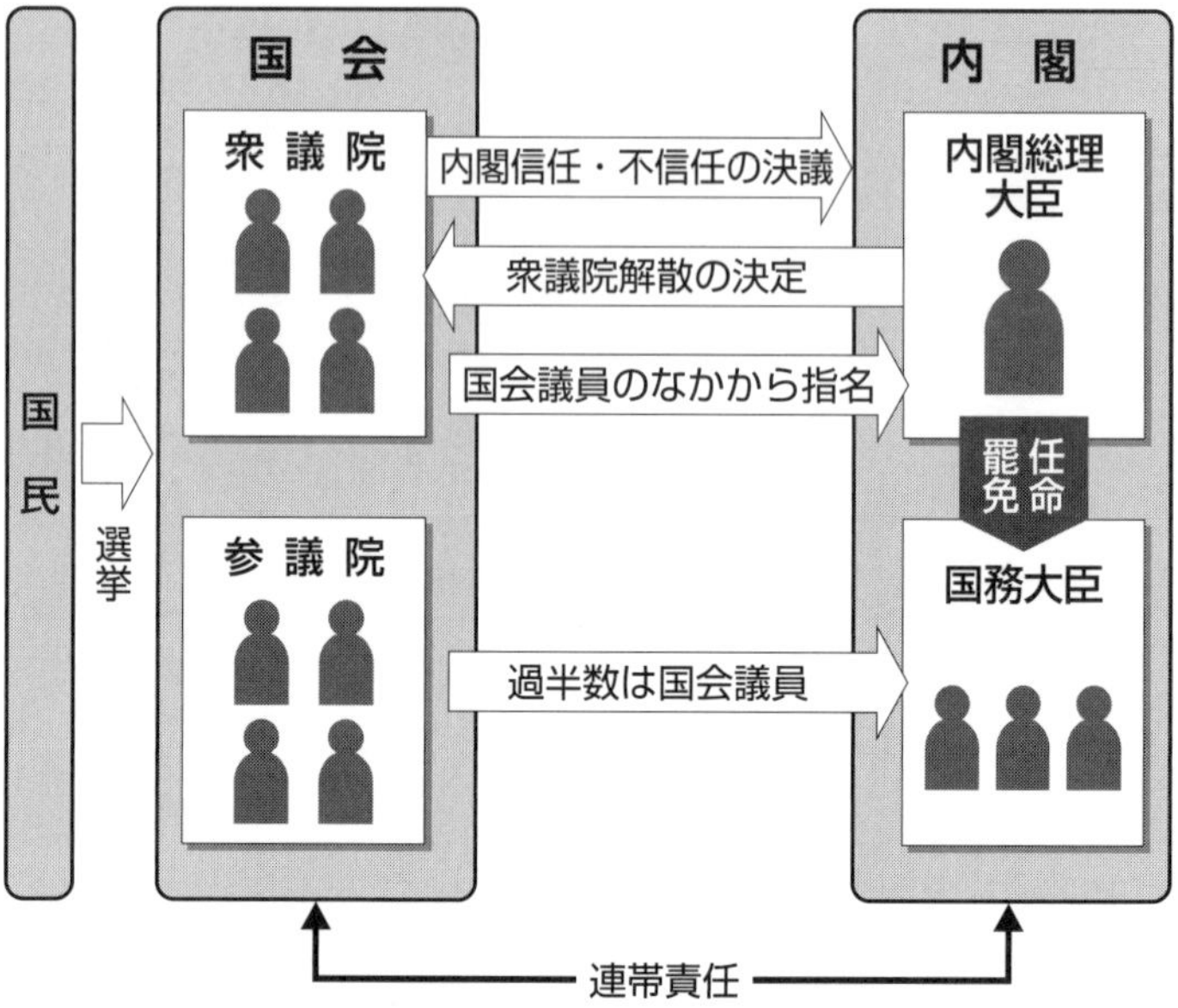

めているので（でないと首相の指名選挙に勝てない）内閣が作りたい法案を国会に提出すれば可決しやすいという点でしょう。

半面で**「野党」**（首相の味方以外）が弱すぎると、何度総選挙をやっても与党が勝ち続け、緊張感を失う恐れもあります。

議院内閣制と異なる代表的な制度が**「大統領制」**で、アメリカのように大統領に強大な行政権が集中しているケースを指します。

ただしドイツのように大統領がいても、名目上の存在に留まる場合は実質的な議院内閣制と考えます。

6

衆議院と参議院

それぞれの院の成り立ちと役割とは

国会は**衆議院**（任期4年・定数465）と**参議院**（任期6年・定数242）の二院で成り立っています。基本的に両院は同格です。ただし衆議院で可決された議案が、参議院で否決された場合、次のような衆議院の優越規定があるため、衆議院のほうが力があるとみられます。

法律案……衆議院で出席議員の3分の2以上で再可決すれば成立
予算案……最終的に衆議院の議決で成立
条約の締結……最終的に衆議院の議決で成立
首相指名……最終的に衆議院の議決で成立

なぜ衆議院に優越規定があるかというと、参議院に比べて任期が短く、解散があるため

KNOWLEDGE OF POLITICS FOR CITIZENS

に、より国民の意思を反映しているから、という説があります。

衆議院については1889年成立の大日本帝国憲法（旧憲法）でも明記されていました。その地位や役割はずいぶん現在と異なるとはいえ、戦前も衆議院では国民参加の選挙が行われており、1945年の敗戦後、日本を占領したGHQ（連合国軍最高司令官総司令部）のもとで開かれた帝国議会で審議された日本国憲法（現憲法）でも、存続がすんなり認められたようです。

●参議院の役割

では参議院はどうでしょう。現憲法のどこを読んでも「参議院の役割」を明記した箇所はありません。あえていえば衆議院が解散されている状況下で、国に緊急の必要があると内閣が判断したときに参議院の緊急集会を求められる、という条項（54条）ぐらいです。

旧憲法には貴族院という選挙されず、議員の多くが終身任期であった院がありました。それが現憲法ではなくなり、代わりに参議院が登場した形です。でもそれなら衆議院のみの一院制でもよかったはずです。

そのことについて、以前、毎日新聞に取り上げられた記事を基に、経緯を追ってみましょう（「『強すぎる参議院』創設時の論議は参考になる」2010年7月18日付朝刊）。

この記事によると、ＧＨＱの高官は「憲法の他の箇所に示されている抑制と均衡の原理のもとでは一院制が一番簡明だ」とし、草案にもそうあったといいます。しかし日本側の責任者であった松本烝治国務大臣が「多数党が一時の考えでやったこと、一時の誤りでとんでもないことをやる、そういうことを一ぺん考え直すことが必要だ。第二院があれば、政府の政策に安定性と継続性がもたらされる」と反論しました。「第一院の多数党による暴走の抑制に大きな関心があった」と記事は伝えます。

この**「衆議院の多数党（ほとんどは与党）の暴走を防ぐ」という役割は、言葉こそさまざま異なるものの「参議院の意義」として今日まで述べられてきました。**「良識の府」という異称もあります。

今日では参議院でも政党化が進んでいます。両院の多数派が与党であると、参議院審議が形式化してしまうので衆議院の「カーボンコピー」などとからかわれることもありました。しかし逆に参議院の過半数以上を野党が占めていると、衆議院可決の法案などを簡単には通さなくなり、与党が衆議院で3分の2になっていないと廃案になる可能性が高まります。そうなったらなったで「決められない政治」と批判されるのです。

7 政党って何？
要件を満たせば、交付金が受け取れる

KNOWLEDGE OF POLITICS FOR CITIZENS

●「政党交付金」が交付されているのが「政党」

1994年に政党助成法ができるまで、政党は基本的に法の定義がない「同志の集団」でした。

助成法の成立以後は、政党交付金が交付される条件を満たした団体を**「政党」**と呼びます。ただ名称を独占しているのではないので、法人として誰でも「○○党」と名乗ることは構いません。総務省に政治団体として届け出ればいいだけです。

公職選挙法や政党助成法が定める「政党」には、国会議員が5人以上所属するか、一番近い国政選挙（衆議院もしくは参議院選挙）で全国を通して得票率が2％以上（選挙区・比例区のいずれか）となればなることができます。これを**政党要件**といい、この要件を満

たすことで国民1人あたり250円を負担している**政党交付金**が受け取れるようになります。

この条件を満たした「政党」については、衆議院小選挙区で党公認として立候補すると比例区にも重複立候補が可能となり、小選挙区で落選したとしても比例区での復活当選が見込めます（52ページ）。小選挙区での政見放送ができるなど選挙でのメリットも大きくなります。

要件を満たさない政治団体は、政見放送以外にも比例区からの立候補ができないなど不利な制約があります。こうした政治団体は、「諸派」とまとめて記載するのがマスコミの通例です。

●「政党」と「会派」

政党の条件は、前に示した通りですが、それに対して**「会派」**というものもあります。これは、国会内の構成グループのことです。たいてい政党とほぼイコールですけど、他党と1つの会派を結んでも構いません。原則として2人以上。2つの会派へ同時に属するのは禁止です。

大きくなると各委員会（93ページ）に所属できる議員数や国会での質問時間などが多く

取れる可能性が高まり、議案を発議する要件（衆議院20人以上、参議院10人以上。いずれも予算を伴わない法律案の場合）を満たせば議員立法も可能となります。

議席の場所や国会内の部屋数や面積も会派の規模で決められます。選挙で大敗した政党は、「部屋も小さくなった」と嘆いたり、反対に大勝したら「大きな部屋に移れた」と喜んだりもします。

●政党の「公認」「推薦」「支持」の違い

「公認」とは、その政党が「わが党の候補者である」と堂々と認めている候補者です。政党要件を満たしている党の公認候補が受けるメリットは前のページで述べた通りです。ところが政党要件を満たしている党からの支援を受けていても「公認」を名乗らない場合があります。その場合の候補者の扱いは「無所属」ですが、マスコミは慣例で「推薦」「支持」といった付記をします。

「推薦」となるのはさまざまな理由が考えられます。A党とB党がともに推す、A党公認候補をB党が推薦することもあります。

どこの党からも「公認」を得ず、政党からの推薦にとどめる場合は、党員でない候補者であるとか、ある1つの党の公認を受けるより複数の推薦を受けたほうが票を得やすいという計算を働かせた結果というのが目立ちます。候補者独自の判断で「推薦ならば」と引き受ける人もいます。また候補者に何らかの疑惑が取り沙汰され、党としても公認を出しづらいといったときにも用いられます。いずれにせよ推薦のみであれば、比例区からの立候補ができず、重複立候補がかなわないばかりか小選挙区での政見放送もできません。

「支持」や**「支援」**は一般に推薦よりも政党が力を入れないというような意味になります。党本部は推しにくいけれど、その党の都道府県の支部などが「応援したい」という候補者に出したり、知名度などで勝てる要素があるものの政党や支持母体の考え方と差のある主張をしている、といった場面で「支持」にとどめておくという判断もあり得ます。

自民党は、「選挙対策要綱」に則って「公認」と「推薦」を分けています。「公認」は自民党の理念や政策を推進するのにふさわしい人物に与えています。「推薦」は「公認に近い人」に与えます。公明党公認候補者への推薦が最もわかりやすい例となります。「支持」もしくは「支援」には明確な基準がありません。

2016年3月に結成された野党第一党の民進党の前身である民主党の場合はどうだったのでしょうか。

民主党では、党本部が与えるのが「公認」か「推薦」で、地方組織の都道府県連の判断で「政治的意思表示」をするために与えるのが「支持」でした。したがって「支持」は党本部の決定ではありません。「公認」は原則として党員の候補者で「推薦」は党員以外の候補者に与えるものでしたが、綱領などに特に定めはありませんでした。

日本共産党はズバッと「基本的にすべて公認」です。公認の基準は最高意思決定機関の中央委員会で決めます。要綱などに基準が書いてあるわけではなく「内部文書」に記してあるそうです。

8 「派閥」の役割

政党の内部にある、政治グループの実情

KNOWLEDGE OF POLITICS FOR CITIZENS

「派閥」は政党内の非公式で私的な集団で、主に自民党内のグループを指します。一般の会社でもよく「派閥」という言葉が用いられますが、事務所まで設けて独自活動するケースは見られないので「自民党の派閥」は特殊な集合体です。

また、岸田派の「宏池会《こうちかい》」のように、派閥はたいてい表向きは政策集団を装っていて、対外的にはそちらの名称を名乗るのが普通です。

２０１６年5月時点で存在する自民党の派閥は主に8つで、細田派（細田博之）、額賀派（額賀福志郎）、岸田派（岸田文雄）、麻生派（麻生太郎）、二階派（二階俊博）、石破派（石破茂）、石原派（石原伸晃）、山東派（山東昭子）となっています。他に谷垣禎一氏の谷垣派がありますが、他派閥に「本籍」を置いている議員もいるのでマスコミのなかには「谷垣グループ」と呼んで区別しているところもあります。

●派閥の源流

戦後の2大保守政党であった、吉田茂氏が率いた自由党と鳩山一郎氏の日本民主党が1955年に合同して自由民主党（自民党）が誕生しました（55年体制）。

したがって、派閥の源流は「吉田系」と「鳩山系」、および日本民主党の前身政党へ合流していた国民協同党の三木武夫氏の流れが加わります。吉田系（自由党系）の後継が、後に首相となった池田勇人氏と佐藤栄作氏の、池田派と佐藤派。鳩山系（日本民主党系）の後継が岸信介氏と河野一郎氏の、岸派と河野派。そこに三木武夫氏の三木派が加わります。この5派から現在の派閥の経緯を確認すると、

- **池田派→岸田派、麻生派、谷垣派**
- **佐藤派→額賀派、石破派**
- **岸派　→細田派**
- **河野派→二階派、石原派**
- **三木派→山東派**

と分類できます。

自民党の結成そのものが、最初から1つの政党というより派閥の「保守連合」の趣がありました。一般に吉田系が「ハト」（穏健）、鳩山系が「タカ」（強硬）とみなされてきています。

こうした政策的な違いに加えて、1947年から93年まで続いた衆議院議員総選挙で採用されていた**中選挙区制**（1つの選挙区からおおむね3人から5人を選出する制度）が派閥の存在感を増す理由となっていました。過半数維持のためには3人区で1人当選ではダメで2人を目指す必要があります。4人区、5人区となるとさらに当選者を増やさなければなりません。同じ選挙区で自民党同士が争うわけです。

となると、普段から仲良くしている同派閥同士では戦えないので、他の派閥と表立っては「協力」しながら、実際には党内で血で血を洗う選挙戦を展開したのです。

最大派閥になれば自民党総裁選挙で有利になるので、派閥の領袖（ボス）は少しでも議員数を増やそうと集金や人材発掘に力を入れます。新人議員は領袖を「オヤジ」と称して奉仕し、当選回数を重ねるごとに重鎮となっていき、やがては派閥を譲り受けたり、反乱を起こして乗っ取ったりして次代の領袖を目指していきます。疑似血縁関係にも似た構図です。

自民党の派閥の流れ

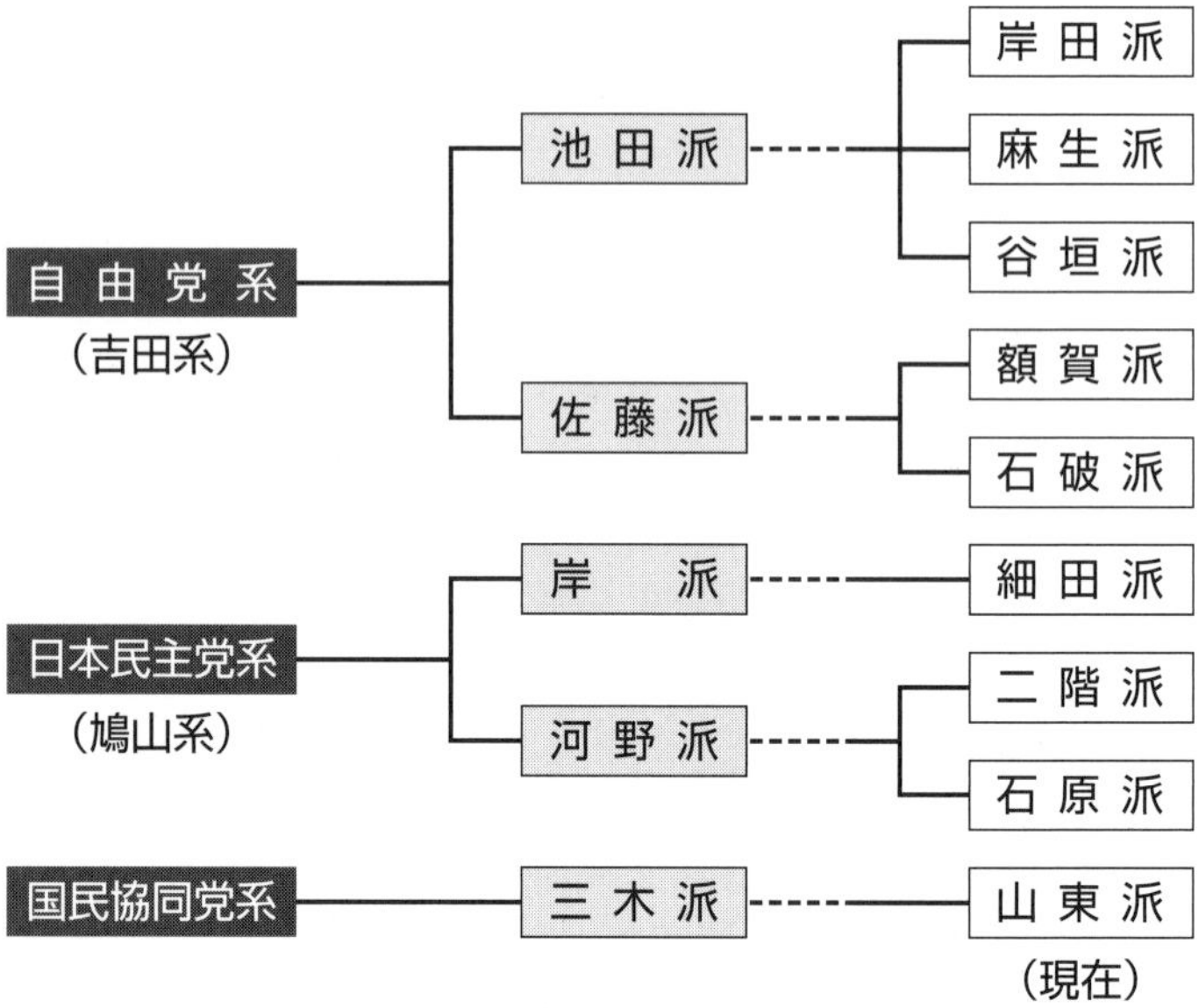

2015年時点での派閥の勢力

派閥名	人数
・細田派（細田博之）	95人
・額賀派（額賀福志郎）	53人
・岸田派（岸田文雄）	45人
・麻生派（麻生太郎）	36人
・二階派（二階俊博）	34人
・石破派（石破茂）	20人
・石原派（石原伸晃）	14人
・山東派（山東昭子）	10人

（朝日新聞2015年９月29日付朝刊より）

自民党初代首相の鳩山一郎氏から竹下登氏までの歴代首相は、鈴木善幸氏を除いて派閥の領袖です。鈴木氏にしても急死した大平正芳首相の大平派（池田派の流れ）の家老のような存在で、後に派を継承したので事実上の領袖です。

●派閥による疑似政権交代

中選挙区制度下の自民党は、政権が行き詰まるとカラーの異なる別派閥の領袖を立ててイメージを変えるという疑似政権交代をしばしばやってきました。タカ派の岸内閣が1960年、安保条約改定と引き替えに辞任するとハト派の池田勇人氏に代わったり、田中角栄首相（佐藤派の流れ）が金銭スキャンダルで追われた際には、「クリーン三木」として清潔イメージがあった三木氏を推したりといった具合です。

いずれにせよある派閥の領袖が自民党総裁（単独政権下では総裁＝首相）になると、他派閥は少しでも内閣に自派の議員を押し込もうとします。首相もある程度はその要求を飲まないと足下が不安定になるので各派閥の推薦リストに沿って受け入れてきました。

内閣改造も同じで、当選回数を重ねた「適齢期」の議員を内閣に入れてバランスを取ります。この手法は述べ約150人もの大臣を「製造」した吉田茂氏以来の伝統でした。ただあまり頻繁に入れ替えると「クビを切られた」との怨念が渦を巻いて内閣を弱体化させる欠点もあるので、改造人事は現在でも大変難しいとされています。

●小選挙区の導入と派閥の弱体化

このような派閥政治の源泉ともいうべき中選挙区制が、1993年発足の細川護熙《もりひろ》首相の非自民連立内閣が進めた「政治改革」で現行の小選挙区比例代表並立制に変わり、また派閥の弊害の最たるものとされたうさんくさいカネ集めを止めるべく導入した政党交付金（31ページ）によって、派閥の意味合いが変わってきました。

小選挙区は1選挙区で1人しか当選しません。そうなると同じ党の候補者は同一選挙区からは1人しか出せないので、他派閥と当落を競う必然性がなくなったのです。すると公認権を持った幹事長（党トップの総裁や代表・党首などに続くナンバー2）の力が強まりました。自民党では、野中広務氏、古賀誠氏といった大物幹事長が差配しました。

ところがこの流れも2001年に誕生した小泉純一郎政権あたりから雰囲気が異なってきます。「偉大なるイエスマン」といわれた武部勤氏を幹事長にすえるなど、総理総裁が自ら候補者を決める権限をふるい始めたのです。真骨頂が2005年の「郵政選挙」で、首相が推し進める郵政民営化に反対した自民党議員を公認せず、おまけに対立候補を公認して送り込むという徹底振りで大勝しました。小泉首相は政権発足から派閥の大臣推薦リストを無視してオリジナルな組閣を心がけました。派閥の大きな役割であった「適齢期に順送りで大臣になれる」システムも崩壊したのです。

かつての、派閥がしのぎを削っていた時代を知る政治家や記者の多くがこう言います。「ロッキード事件、リクルート事件、東京佐川急便事件……。確かに自民党の腐敗はひどかったし、政策無視の政争も醜かった。でも……」と。当時の政治家は今に比べてスケールが大きく、その育成は派閥の功績だったかもしれないというのです。

中選挙区時代は、同じ選挙区の他の自民党議員と似たり寄ったりでは勝ちが覚束ないので、違いを出すためにもさまざまな意見や主張が交わされました。派閥の領袖や先輩議員はカネを配るだけでなく選挙のイロハから教え込み、当選後は派閥ごとの得意分野の委員会などに所属して「族議員」（94ページ）となっていきました。これもまた派閥政治の弊害とみなされる一方、一定分野に精通した専門家を育てたという面もあります。

派閥を継承させるのが目的とはいえ、有望な若手・中堅を次代の担い手に引き上げようという気風もみなぎっていました。田中角栄氏は佐藤派に属しながら分離独立して田中派を立ち上げ、竹下登氏はその田中派から分離独立しました。いわば飼い犬に手をかまれたも同然ですが、それでも「こいつはできる」という人材を排除せず要職にすらつけたのです。

中選挙区は選挙区内での3分の1程度の得票かそれ以下でも取り込めば当選可能でした。だから明確なカラーを打ち出しやすかったという面もあります。ところが小選挙区は仮に二人政党の激突となれば、理論上51％を制しなければなりません。どうしても総花的な主張になりやすくなります。

また、選挙区の小ささも問題で、例えば東京都世田谷区は2つの選挙区をまたいでいて、区長選挙より狭いのです。当然そこでの議論も天下国家より身近な話題となりがちです。一方で「勝てる候補を」と考えると、地元に知名度がある二世や世襲が増えてきて、大衆の生活目線など味わった経験のない「殿様」「姫様」を擁立する傾向にあります。

●派閥の役割のこれから

派閥の力が低下したといわれても未だに存在するのはなぜでしょうか。大臣こそ派閥順送りの慣行が廃されつつありますが、政府の副大臣・政務官や国会の役職・党役員人事などではまだまだ派閥が権限をふるう余地が大きく、無派閥のままではそこに仲間を送り込んだり、国政選挙で新人に公認をもらったりといった効果が期待できないためでしょう。総務省に派閥を政治団体として届け出れば政治資金パーティーも開けます。パーティーは既存の派閥も有力な資金源としているので、カネの面での配慮でもあるようです。

第2章

日本の選挙制度

1 選挙の歴史を知ろう

制限選挙から普通選挙への流れ

KNOWLEDGE OF POLITICS FOR CITIZENS

衆議院議員総選挙は、旧憲法下の１８９０年に初めて行われました。

当時の国会（帝国議会）は選挙を経ない貴族院（皇族・華族・天皇が任命する勅選《ちょくせん》議員・各府県１人の多額納税者で構成）と衆議院の２院制で、両者は対等でした。主権者は天皇で議会は協賛（力を貸す）機関に過ぎず、予算審議権も制限されており、予算が成立しない場合は前年度予算を自動的に踏まえると決まっていました。勅令《ちょくれい》（天皇の命令）の下で議会を経ない法律作成も認められていましたし、議院内閣制でもなく、内閣は首相を含め国務大臣１人１人が天皇に任命される形でした。内閣もまた、天皇の補弼《ほひつ》（補佐）機関に止められていました。

●納付税額と年齢による制限から始まった

最初の総選挙における有権者は直接国税15円以上を納めた25歳以上の男性に限定してお

り全人口比の1・1％に過ぎませんでした。こうした納税額や財産所有額などで有権者を絞るのを**「制限選挙」**といいます。

当時は明治時代を切り開いた長州（山口）藩出身と薩摩（鹿児島）藩出身者が権力を握る藩閥政治でした。**初めての選挙結果は「大成会」など政府寄りの政党（吏党《りとう》）に対抗する、「立憲自由党」や「立憲改進党」などの政党（民党）が上回り、初の議会から薩長政府と激突を繰り広げます。**

1898年には自由党と、改進党の流れにあった「進歩党」とが合流して「憲政党」を結成し、大隈重信が首相となる日本最初の政党内閣が誕生しました。しかし内紛で早期に倒れた後、首相となった山県有朋は1900年に納税制限を10円以上に引き下げ、有権者は2・2％と倍増しました。

さらに1918年に成立した原敬《たかし》内閣は、翌年に納税資格を3円以上に引き下げて有権者は5・5％まで増えます。原は「立憲政友会」という政党の総裁（トップ）で、藩閥（薩摩・長州・土佐＝高知藩・肥前＝佐賀藩）でも華族でもない首相だったため、平民宰相と呼ばれました。初の本格的な政党内閣とされます（先の憲政党内閣は早々に分裂して退場したので）。

1924年、藩閥支配に抵抗した第二次護憲運動の結果、結束して推進した護憲三派（「憲

人口に占める有権者の割合の変化

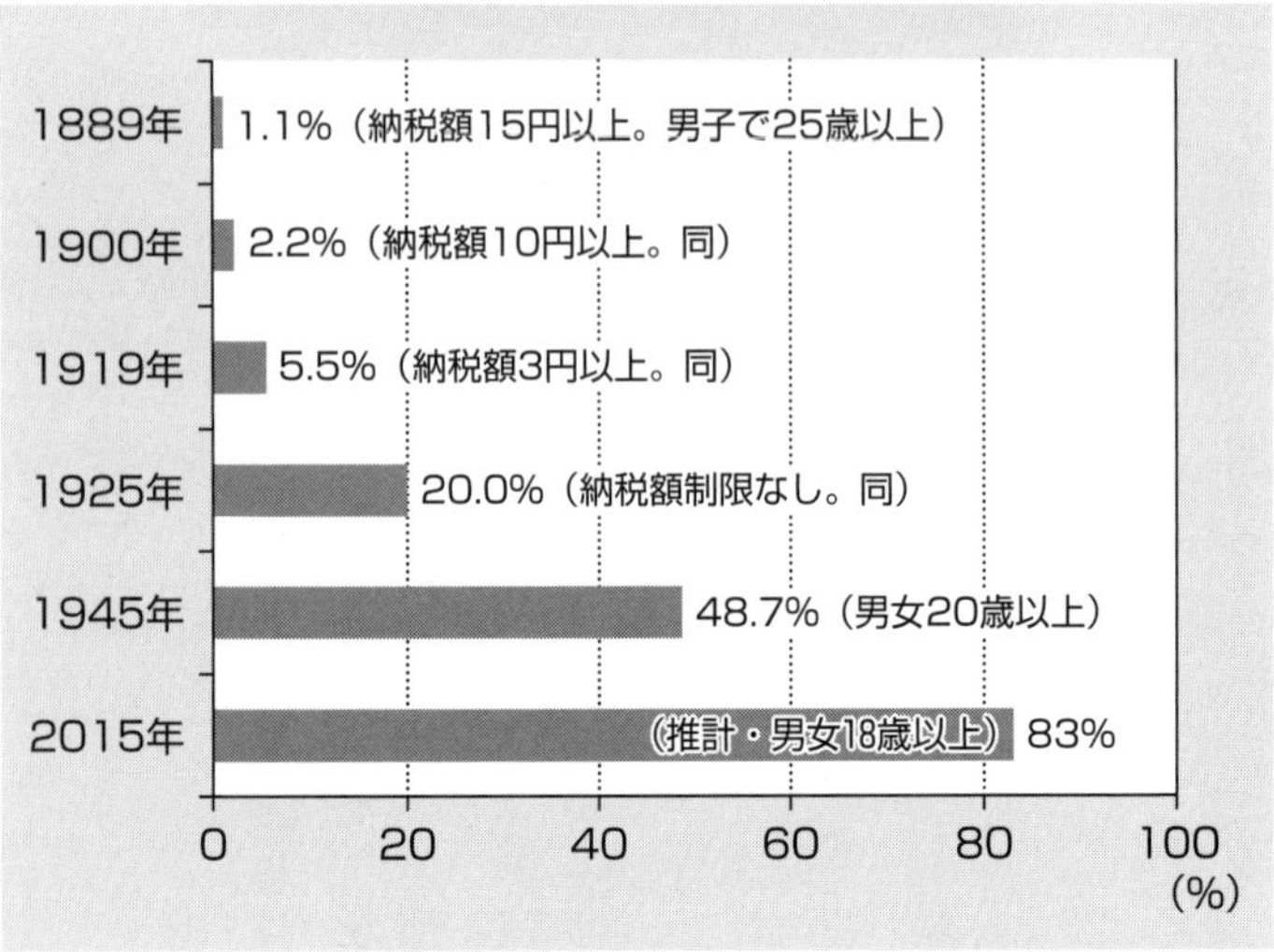

政会」「立憲政友会」「革新倶楽部」）による加藤高明内閣が発足しました。

これより多数党党首が１９３２年の犬養毅内閣まで内閣を組織する慣行ができ上がり**「憲政の常道」**と呼ばれるようになります。

１９２５年にはついに「納税制限なし」を意味する**普通選挙法**を成立させ、25歳以上の男子すべてに選挙権を与え、有権者数は一挙に4倍（20・0％）に増加しました。ただし女性への参政権は認められていません。

しかし、犬養毅首相が１９３２年の五・一五事件で暗殺され、元老という名のキングメーカーであった西園寺公望が斎藤実海軍大将を首相に推薦し、実現してからは、陸海軍、貴族院、官僚といった非政党政権の時代が訪れます。

再び政党政治になったのは第二次世界大戦に敗北し、GHQによる占領下で1946年に実施された総選挙の結果、日本自由党が第1党となって吉田茂氏が首相についてからです。

前年に衆議院議員選挙法が改正されて、有権者は「男子25歳以上」から「男女20歳以上」となりました。有権者の全人口比は48・7%と約半数となったのです。

そして**2015年6月、公職選挙法が改められて70年ぶりに対象者が見直され、有権者は「男女18歳以上」となりました。**実は「18歳選挙権」は現在の世界では常識で、約9割の国がすでにそうなっています。遅ればせながら、日本もその仲間入りをしたことになります。

2 衆議院選挙と参議院選挙

それぞれの投票方法と集計の仕方

選挙には、国政選挙（衆議院と参議院）と地方自治体の選挙がありますが、ここでは国政選挙について見ていきます（地方自治体の選挙については214ページを参照）。

●衆議院の選挙

衆議院では全員を改選し、小選挙区と比例代表に分かれる「並立制」を採っています。

小選挙区は全国を289の選挙区に分けて、その選挙区では1人だけ当選させます。「1人だけ」だから「小」選挙区なのです。「東京3区」「高知1区」というように地域別になっています。最多得票者が当選するというわかりやすい制度です。もっとも候補者が乱立し票が分散するなどした場合は、最多得票者でも有効投票総数の6分の1に満たないと当選にはなりません。

ちなみに1996年にこの制度を取り入れる前に存在した中選挙区制は1選挙区でおお

むね3人から5人が当選できました。上位「3人から5人」が当選だから「1人だけ」の「小」より多いので「中」と呼びました。当然にその分だけ選挙区は広かったのです。

小選挙区の利点は民意の集約度の高さです。椅子取りゲームで考えてみましょう。2人で1つの椅子を争う（小選挙区）のと、6人で3つの椅子を争う場合（中選挙区）を比較すると、当選確率はどちらも2分の1なので椅子に座れる可能性は同じです。ただし、勝てる雰囲気は小選挙区だと1位になりそうな上位2つの政党に絞り込まれてきます。

しかし、これが小選挙区の欠点でもあります。つまり当選者以外のすべてが死に票になってしまいます。中選挙区ならば、上位2政党のどちらも嫌だという有権者が「3位に滑り込ませよう」と他の選択で候補者を当選させることができます。

●比例代表のしくみ

面倒なのは**比例代表**のほうです。全国を11のブロックに分けて、各ブロックで6人から28人を選出します。北から順に、北海道、東北、北関東、南関東、東京、北陸信越、東海、近畿、中国、四国、九州です。

例えば南関東ブロックは千葉県と神奈川県と山梨県で、この3県を合わせて1つの選挙区になります。全体の定数は176。有権者は投票用紙に政党名を書きます。それをブロ

「ドント式」の概要

総投票数2550票　ブロックの定数が 7 議席の場合

	政党A	政党B	政党C	政党D
得票数	1000	800	450	300

以下のようにして数字の多い順に当選者数を決めていく

得票数÷1	1000 (当選❶)	800 (当選❷)	450 (当選❹)	300 (当選❼)
得票数÷2	500 (当選❸)	400 (当選❺)	225	150
得票数÷3	333 (当選❻)	266	150	100
得票数÷4	250	200	113	75
獲得議席数	3	2	1	1

衆議院の比例区で当選するしくみ

G党が比例区のあるブロックで 3 つの議席を獲得した場合

名簿 1 位	A候補	(比例単独候補)	比例当選
名簿 2 位	B候補	(小選挙区で当選)	比例区からは外れる
名簿 2 位	C候補	(惜敗率 96%)	比例当選
名簿 2 位	D候補	(惜敗率 80%)	比例当選
名簿 2 位	E候補	(惜敗率 75%)	落選
名簿 3 位	F候補	(比例単独候補)	落選

ックごとに集計し、あらかじめ届けられている政党別の候補者名簿への掲載順に、**ドント式**というやり方で名簿の上位者から当選を決めていきます。前述の政党要件（30ページ）を満たしている政党だけが参加できます。

ドント式とは、各政党の得票数を1、2、3…と順番に整数で割っていき、得票数の多い順に、議席を配分していく方法です。

右ページ上の図は、名簿掲載順1位が1人、2位が1人、3位が1人……と各順位に1人ずつ割りふられているイメージで紹介しています。

しかし、衆議院の比例代表制度は小選挙区との**重複立候補**が認められています。つまり、ある小選挙区で立候補した人と同一人物が比例の名簿にも名を連ねられるしくみです。その人に限っては、同一順位に並べられます。

最近は比較的大きな政党は票を掘り起こすべく重複立候補者をズラッと同じ順位に並べる光景がよく見られます。その場合、同じ順位のなかから当選するのは小選挙区の落選者で、**惜敗率**の順に決まっていきます。小選挙区で当選していると、名簿に載っていても「いなかったこと」として除外されます。

惜敗率というのは「惜しい落選」だった率です。例えばある選挙区で、当選者の獲得票数が500票であった場合、480票集めた落選者の惜敗率は480÷500＝96％となります。同じように別の小選挙区では、当選者が500票で落選者が400票であるとします。すると、惜敗率は400÷500＝80％となります。

この2人の落選者が、比例区で同じブロックから同一の順位で重複立候補していた場合、96％の者が先に当選し、80％の人は次以降となります（50ページ下図）。

●比例区の復活当選

このように、小選挙区との重複立候補が認められている比例区では、**「復活当選」**が出てしまいます。つまり小選挙区制という「椅子取りゲーム」で負けたのに、復活して「椅子に座れる」制度なのです。

この椅子は当初座り心地が悪かったらしく、現制度が導入された1996年総選挙の「復活当選」組は口々に違和感を訴えました。当時の新聞から探ると「落ちたり上がったりと、まるでエレベーターみたいな選挙」「墓場のなかからよみがえった」「とてもバンザイしようという気持ちになれない」など。

直後に朝日新聞が行った世論調査では「重複立候補はよかったか」という質問に70％の人が「よくなかった」と答えています。しかし総選挙を重ねるごとに今では何やら当たり前のようになってしまいました。

ややこしい制度である半面、小選挙区では当選が難しい中小政党もある程度議席を得る可能性が高まる「民意の反映」を利点とする声もあります。

●参議院の選挙

参議院は選挙区と比例区に分かれます。選挙区は都道府県（2つの県を合区《ごうく》して1つとする場合もある）別で、1人から6人、合計73人を選びます。選挙区の定数は146人。参議院議員の任期は6年で、3年ごとに半数を改選するしくみです。

有権者は選挙で候補者1人の名前を書きます。改選1であれば最多得票者が、6であれば6番目までが当選となる仕組みです。こちらは比較的わかりやすい。

面倒なのは衆議院と同じく比例区のほうです。選挙区はブロック分けせず全国で、各政党が準備した名簿で競います。政党別の得票をまとめてドント式で配分するのは衆議院と同じですが、衆議院と違って重複立候補は認められません。参議院でややこしいのはこの名簿が**「非拘束式」**を採っている点です。

拘束名簿式ならばまだわかりやすいのです。これは、1位はAさん、2位はBさん、3

参議院の「非拘束名簿方式」の比例区制度

※参議院の比例は全国となる

当選順位	投票された人の名前	投票数
1	A氏	300,000
2	B氏	250,000
3	C氏	150,000
4	D氏	100,000
5	E氏	50,000
	政党名	100,000
	合計	950,000

この数字を政党への投票数としてカウントした上で、獲得議席数が決まる

位はCさんと順位と人物を固定する名簿です。「非拘束」とはこうしたひも付けがなされておらず、各政党名簿に候補者の名前だけが載っています。有権者は候補者名か政党名のどちらかを書きます。

決め方は、まず政党の議席数を決めます。母数は**「政党名＋政党名簿に載っていた候補者の個人名」**となります。ドント式で配分した後、決まった議席数を候補者名の得票が多い順に当選させていきます。比例の定数は96人で、48人が改選議席数です。

もともとは参議院の比例区制度はあらかじめ候補者の順位が決まっている拘束名簿式で、投票は政党名のみというシンプルな形でした。しかし当時の自民党が、この方式だと名簿上位に

ランクされた候補者が安心してしまう一方、下位の候補者もまた落胆してしまい、いずれも選挙運動に熱心さを欠き票が掘り起こせないと不安視して今の制度になりました。
ただし、非拘束だと全国的に名の知られた候補者は大量の票を集めて当選するにしても、その票はあくまでも政党にカウントされるので、支持していない別の候補者の当選をサポートしてしまいかねません。
反対に政党名の投票が大多数で候補者名を書いた有権者があまりいなかった場合、わずかな候補者名しか集めていなくても当選してしまうという例も生じます。

よく、近年の投票率の低下が、有権者の責任放棄だとか「選挙に行かなければ何も変わらない」という批判にさらされます。それは一義的に正しいでしょう。でも衆参議院選挙の、特に比例区の難解さは「1票の格差」問題（252ページ）と並んで選挙に行く気が失せる要因であるのも事実です。

制度のしくみを知らなければ自分の予想外の勝敗になって驚いてしまうでしょうし、知ったら知ったで矛盾に頭を抱えてしまいます。わかりやすい制度に直すのは国会の急務ですが、何しろ今の制度で当選してきた議員で構成されているので総じて及び腰なのです。

3 投票のやり方

当日に選挙に行けなくても投票はできる

KNOWLEDGE OF POLITICS FOR CITIZENS

衆議院選挙は有権者が自分の住む小選挙区で立候補している候補者の名前を書き、比例区では自分の住むブロックで名簿を掲載している政党の名前を書きます。

参議院は選挙区の候補者の他、比例区では政党名か候補者名のどちらかを書きます。つまりどちらも投票所で2票を行使できるのです。選挙区で書いた候補者の所属する政党と比例区で選ぶ政党が違っていても構いません。

投票所の場所は、市区町村の選挙管理委員会（選管）から送られてくる入場券に記載されています。当日は原則として午前7時から午後8時まで投票できます。入場券と名簿が一致することが確認できれば、受付係から投票用紙がもらえます。

●期日前投票と不在者投票

投票日でなくても投票できます。選挙人名簿に登録されている市区町村が指定する期日前投票所（市区役所や町村役場が多い）で、公示日（79ページ）の翌日から投票日の前日まで投票できる仕組みをおおよそ**「期日前投票」**と呼びます。選挙日の投票と異なるのは宣誓書の記入を求められることぐらい。理由を尋ねられますが、「仕事」「旅行」などおおまかな理由でOKです。

また現在、**「不在者投票」**と主に呼ばれているのは、名簿登録外の地域に滞在している場合などに、滞在先で投票するものです。不在者投票をする際には、まず登録市区町村の選管委員長に投票用紙および投票用の封筒を請求します。そこに理由を記す欄があり、選管が「その理由ならば許される」と判断すれば（よほどの不備がない限り大丈夫です）、投票用紙と封筒が、不在者投票証明書とともに送られてきます。

それを持参して滞在先の選管へ行き、投票をします。事前に開封や候補者名・政党名の記載をしないのが肝要で、そうした行為は投票記載場所で行います。

期日前投票は投票所が投票日当日よりも遠くなる可能性がある程度で、他はほとんど変わらないと考えて結構です。不在者投票は、公示日翌日から投票日まですべて自分の選挙区にいられない場合に限ったほうがいいでしょう。期日前投票のほうが自ら請求する手間が省けるので、より気軽に行えます。

4 「解散」とはどういうこと？

首相だけが持つ「伝家の宝刀」

KNOWLEDGE OF POLITICS FOR CITIZENS

一般に**「解散」という政治用語は、国政では衆議院の解散を指します**。その後に総選挙が行われて新たな議席が決まります。

しばしば解散は、首相の専権事項とか「伝家の宝刀」などと呼ばれます。**「国権の最高機関」である国会を構成する衆議院議員を全員クビにする途方もない権力です**。

戦後の解散の圧倒的多数は憲法7条に基づきます。7条は「天皇は、内閣の助言と承認により、国民のために、左の国事に関する行為を行う」と国事行為について規定しており、その1つが、「衆議院を解散すること」**（7条解散）**です。主語は「天皇」なのです。

しかし天皇陛下は「内閣の助言と承認により」解散するとあります。では天皇が「助言と承認」に「NO」がいえるかというと、憲法3条で「天皇の国事に関するすべての行為には、内閣の助言と承認を必要とし」とあり、4条にも「国政に関する権能を有しない」と規定されているため、「YES」しか回答はあり得ません。となると実質的な主語は「内

2種類ある衆議院の解散

7条解散

- 天皇が、「内閣の助言と承認により」行う衆議院解散
- 実質、首相が好きなときに行使できる

69条解散

- 衆議院の内閣不信任決議に基づく解散
- 不信任決議が可決されると、首相は「解散」か「総辞職」を選ばなければならない

閣」となります。

　では内閣とは何でしょうか。憲法66条で内閣は、「首長たる内閣総理大臣及びその他の国務大臣でこれを組織する」とあり、68条1項では「内閣総理大臣は、国務大臣を任命する」と定められます。国務大臣の選任に国会の同意はいりません。したがって首相は自身の賛同者のみで「内閣」を構成できますから内閣の意思とはほぼ首相の意思なのです。

　もっとも任命時は賛同しても、解散するのはおかしいと反発する国務大臣が出てくる可能性はあります。内閣の決定は全員一致が原則なので「解散反対」の大臣を抱えてはできません。

　ここで憲法68条2項「内閣総理大臣は、任意に国務大臣を罷《ひ》免《めん》することができる」が効力を発揮します。首相がどうしても解散したければ反対大臣を罷免（クビ）して賛成派にすげ替えるか、その任を首相が兼務してしまえば不一致は生じません。

　首相以外の全大臣が反対しても話は同じ。全員クビにして「1

人内閣」を作れるのです。肩書きは一時的に、「首相兼総務大臣兼法務大臣兼外務大臣兼財務大臣兼……」などとなりましょう。

憲法は国務大臣の任命について、「過半数は、国会議員の中から」（68条）選ばれなければならないと定めていますが、首相自身は67条で「国会議員の中から」国会で指名されているので、「1人内閣」の国会議員率は100％となり問題なし。つまり首相が信念を変えなければ誰がどうしても解散を阻めないのです。

では首相1人が完全に浮いてしまって、野党どころか与党もすべて解散に反対という超孤立無援状態になったらどうでしょうか。首相を党のトップから引きずり降ろすことはできます。でも首相職を辞めさせるには衆議院で憲法69条に基づく**内閣不信任決議**をするしかありません。

与野党こぞって「不信任」ならばそこまではこぎつけられますが、69条は不信任決議に対して首相に2つの選択肢を与えています。「衆議院解散」**（69条解散）**か「内閣総辞職」です。すなわち不信任決議ですら首相から解散権を奪えません。

国会が開いているときには、首相がその気になればすみやかに解散できます。閉会中でも臨時国会を召集して（召集権は首相にある）冒頭で解散すればいいだけの話です。

●解散をする理由とは？

ところで首相が衆議院を解散したくなる理由は何でしょうか。首相は最終的に衆議院の議決で選ばれるので、解散は「自分を選んでくれた衆議院議員を失職させる」行為に等しい。普通はしないはずです。しかし、戦後で解散をしなかった衆議院の任期満了選挙は1回しかありません。

1つは素朴に「やってみたい」というのがあるでしょう。首相最大の権力行使ですから。特に首相に就いてからまだ選挙を経ていない場合は、自身の立場を盤石にするため「選挙で勝った首相」になりたいものです。

「与党が負ける」という結果が考えにくいときに解散できるというメリットもあります。「今やれば勝てる」という時期を見計らえるのです。与党は任期満了までに準備万端整えて選挙に臨めばいいではないかという反論もできそうです。しかしこの場合、「準備万端」に整える期間を同時に野党にも与えます。7条の解散権を首相のみが持つならば、少しでも与党に有利なタイミングで解散を打たない理由がありません。

逆に、任期満了に近づいてから追い込まれるように解散したり、「好機到来」以外の理由で解散せざるを得なくなった場合は、総じて結果もよくありません。

5

解散の成功と失敗

首相の決断による悲喜こもごも

KNOWLEDGE OF POLITICS FOR CITIZENS

平成に入ってからの解散・総選挙で与党が成功したケースと失敗したケースを観察してみましょう。

●成功した解散・総選挙

①体制選択選挙または消費税選挙（1990年）

女性スキャンダルに翻弄された宇野宗佑首相のもとで行われた1989年の参議院議員選挙で自民党が大敗。55年の結党以来初めての過半数割れに陥りました。その年から導入された消費税3％も野党の格好の攻撃材料となりました。

当時、政権を事実上コントロールしていた竹下登元首相率いる竹下派は、清新なイメージのある三木派の海部俊樹氏（在任1989年8月10日～91年11月5日）を首相に押し上げ、何とか態勢を挽回しようとはかります。そして90年2月、海部首相による解散・総選挙で、野党はまたも消費税反対を大声で叫び「消費税選挙」にしようともくろみます。対する自民党は、前年に冷戦（アメリカ陣営の「西」とソ連陣営の「東」によるにらみ合い）構造の象徴であった、ドイツのベルリンの街を東西に分離していた「壁」が崩壊し、東から西へと人が流出、次第に東西ドイツ国境全土にまで拡大していきました。東ドイツの崩壊は他の東欧諸国にまたたく間に伝わり、東側の主義主張であった社会主義の敗北が明らかになってきました。

この国際的大変動に自民党も反応し「西側の自民党か社会主義を掲げる野党第一党の日本社会党か」といった「体制選択論」で対抗します。結果は自民快勝。体制選択論がどれほど訴求したか疑問もあるものの、消費税反対で野党が押し切れなかったのは事実です。

この頃、日本はバブル景気に踊っていて好景気のときの増税であったので、比較的痛税感が小さかったと思われます。

ところで、海部首相といえばこの選挙よりもむしろ「解散できなかった首相」として有名です。消費税の次に大きなテーマとなっていた政治改革がうまくいかず「重大な決意」を口走ったとされます。首相の「重大な決意」とは解散総選挙に他ならず、反対論が噴出。小所帯の派閥出身の首相は、最後には後ろ盾の竹下派にまで見放され総辞職しました。

②郵政解散（2005年）

国営であった郵政（郵便、簡保、郵貯など）の民営化は、小泉純一郎首相（在任2001年4月26日〜06年9月26日）の持論ながら、自民党全体の支持を得ているとも国民の大きな関心事ともいえませんでした。

当時の自民党は公明党、保守新党と連立し、与党全体では安定していたものの自民党単独で過半数には届いていませんでした。民営化法案は衆議院で約40人の造反を出しつつかろうじて可決。しかし参議院で否決されてしまいます。

ここに至って首相は、「国民の声を聞きたい」と衆議院の解散へと突き進みました。解散に反対した国務大臣1人を罷免して首相が兼務します。

「参議院否決で衆議院解散は大義がない」と当時いわれましたが、造反議員を除名していわゆる「刺客」を立てるなど、劇的な展開に国民はもとよりマスコミまで舞い上がり、自民党は圧勝しました。

●失敗した解散・総選挙

①政治改革解散またはうそつき解散（1993年）

海部氏の後に首相となった宮澤喜一氏（在任1991年11月5日〜93年8月9日）は、

前政権からの懸案だった政治改革を、衆議院の選挙制度改革として「今国会で必ずやります」と実現させるような発言をしたものの先送り。野党は一斉に「うそつきだ」と猛反発し93年6月、衆議院に内閣不信任決議案を提出しました。

首相は最終的に衆議院の指名で決まるので、不信任案が決議されるとしたら与党の分裂が必要な場合が多いのですが、このときはそれが起きました。政治改革を強く主張する小沢一郎氏を実質的リーダーとする羽田派らが決議案に同調し、可決してしまいました。

憲法69条の規定では10日以内に解散しなければ総辞職です。そこで宮澤内閣は69条でなく7条解散を決めて同日夜に解散しました。69条解散だと二択を選んだ形になるので、少しでも体裁をよくしたかったのでしょう。実質は69条解散です。

解散後、羽田派は自民党を飛び出して新生党を結成。他の自民党離党者も新党さきがけを作ります。前年に結成された日本新党なども加えた「新党ブーム」が起こり、自民党は223議席と過半数を大きく割り込みました。共産党を除く非自民各党・会派を合わせると過半数に達し、連立して日本新党の細川護熙氏を首相の座へ導きました。

②追い込まれ解散またはマニフェスト選挙（2009年）

参議院選挙もなく衆議院の解散もしなかった福田康夫首相の後を引き継ぎ、麻生太郎首相が誕生しました（在任２００８年9月24日〜09年9月16日）。

翌年8月に衆議院の任期満了を控え、誰もが早期の解散を打つだろうと予想し、麻生氏自身も『文藝春秋』２００８年11月号に「私は決断した。野党は政局優先の姿勢だ。国会の冒頭、堂々と私と自民党の政策を（民主党の）小沢（一郎）代表にぶつけ、その賛否をただしたうえで国民に信を問おうと思う」とまで言っておきながら解散には踏み切れず。

本人はリーマン・ショック後の経済政策優先と正当化するも、２００７年参議院選挙で快勝した民主党の党勢に恐れをなしたとか、冒頭解散で敗北したら史上有数の短命内閣になる可能性があるのを嫌った、などと憶測が流れました。刻々と任期満了が近づくなか、自らの失言や「漢字読めない」問題、閣僚の辞任など支持率も低空飛行のまま追い込まれて、ほぼ任期満了に近い09年7月に解散しました。事実上の任期満了選挙です。

満を持していた野党第1党の民主党は、「コンクリートから人へ」と題するバラ色のメニュー「マニフェスト」を武器に圧勝。55年体制以降、初めての本格的な政権交代となりました。

③近いうち解散（２０１２年）

前に述べた民主党の「マニフェスト」がほぼ総崩れ状態となり、首相も鳩山由紀夫氏、菅直人氏とほぼ1年ごとに交代、民主党3人目の首相となった野田佳彦首相（在任2011年9月2日〜12年12月26日）は、マニフェストにない消費税増税法などを敵のはずの自民・公明との3党で合意し、12年8月に成立させました。

その際に野田首相は、法が成立すれば「近いうちに国民に信を問う」と約束します。しかし党内でも異論が強かった増税に反発して小沢一郎元代表ら多くが造反。最後は2009年であれだけ勝った議席が過半数割れする始末でした。

9月の自民党総裁選挙に勝った安倍晋三総裁は「近いうち」がなかなか来ないので「うそつき」批判を高めます。そこで11月の党首討論で野田首相は安倍総裁に「国会議員の定数削減などをやり遂げると約束したら解散してもいい」と持ちかけ、安倍総裁も応じたため、2日後に解散。結果は民主党惨敗、自民党圧勝で第2次安倍政権が誕生しました。

「野田氏本人は信念を貫いた」と評価する向きもありますが、少なくとも政党の指揮官としては失格でしょう。

敗北したケースを分析すると、内閣不信任決議が突きつけられたり、任期満了が迫っていたりと、首相が勝機を見出せないままやむを得ず解散したケースが多いということがわかります。③のように解散の言質を取られるというのも勝利から遠ざかる大きな要因です。

6

衆議院の勝敗ラインとは

「過半数」以外でもポイントとなる議席がある

総選挙があるたびに与野党から「勝敗ラインは」という議論が起きます。与野党とも「過半数」を目指せばいいようなものですが、実際には「それでいい」「それでは足りない」という異論が出たりします。選挙ではいろいろな数字がカギになってくるのです。そこで「衆院選をめぐる注目の数字」として次の用語を考えてみましょう。なお、ここでは衆議院の定数を465として計算しています（254ページ参照）。

①過半数（233議席）

単純に衆議院議席465÷2ではじき出します。首相指名は最終的に衆議院の議決が優先されるので、過半数さえ握れば現与党はそのままでいられるし、野党勢力が過半数になれば政権交代も可能です。

なお、これより低い目標として「比較第1党」があります。比較的大きな3つ以上の勢力があって、それぞれが「連立しない」と仮定すると、首相指名投票で3人以上の争いとなり、過半数以下でも首相を出す与党になり得ます。これを**「少数与党」**と呼びます。

②安定多数（244議席）

日本の国会は委員会中心主義を採用しています（93ページ）。17ある常任委員会で可決された法案などが本会議にかけられます。国会議員は1つ以上の常任委員である義務があります。安定多数とは、このすべての委員会で与党が委員長を出し、かつ委員の半数が与党である状態です。委員の半分が野党であると可否同数が生じかねませんが、その際には委員長が決裁できます。委員長が与党出身ならば与党案を「YES」とするでしょう。

安定多数は単に委員数の過半数。委員のうち1人が委員長になるので、可否同数があり得るのです。例えば委員数40人ならば40÷2＝20人に1人を加えます。奇数の場合は小数点以下を切り上げます。現在の委員会は次のようになっています。

・委員数50人が1つ（延べ50人）。安定多数の条件を満たすには26人
・委員数45人が2つ（延べ90人）。安定多数の条件を満たすには23人で23×2＝46人
・委員数40が7つ（延べ280人）。安定多数の条件を満たすにはそれぞれ21人で21×7

衆議院選挙の勝敗ライン

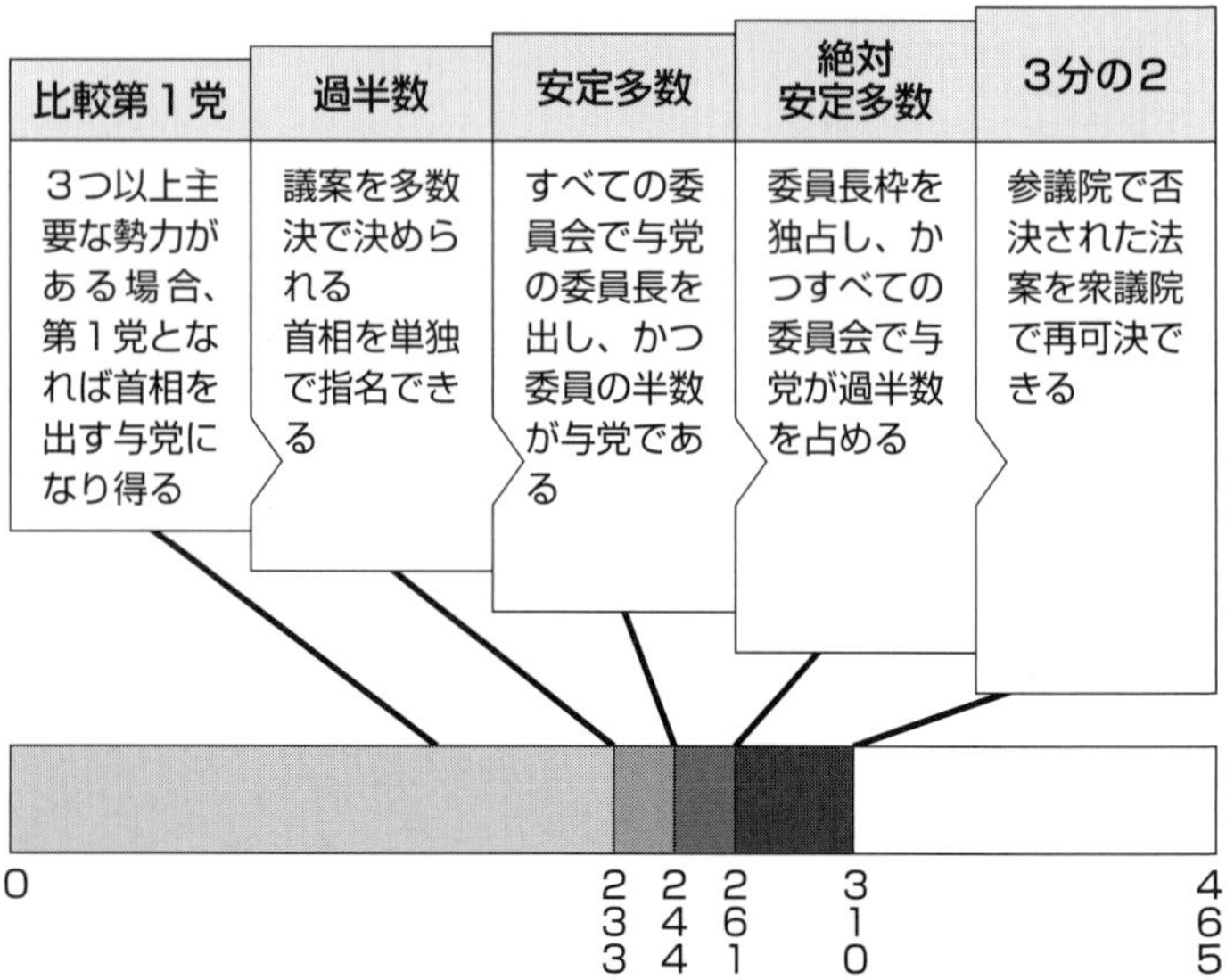
比較第1党
3つ以上主要な勢力がある場合、第1党となれば首相を出す与党になり得る
過半数
議案を多数決で決められる
首相を単独で指名できる
安定多数
すべての委員会で与党の委員長を出し、かつ委員の半数が与党である
絶対安定多数
委員長枠を独占し、かつすべての委員会で与党が過半数を占める
3分の2
参議院で否決された法案を衆議院で再可決できる
0
233
244
261
310
465

＝147人

・委員数35が1つ（延べ35人）。安定多数の条件を満たすには18人

・委員数30が4つ（延べ120人）。安定多数の条件を満たすにはそれぞれ16人で16×4＝64人

・委員数25人が1つ（延べ25人）。安定多数の条件を満たすには13人

・委員数20人が1つ（延べ20人）。安定多数の条件を満たすには11人

必要な人数を足し合わせてみると26＋46＋147＋18＋64＋13＋11＝325人。

一方で、委員会の延べ人数は50＋90＋280＋35＋120＋25＋20＝620人です。

したがって325÷620＝0・5242

（四捨五入）。これを衆議院の総定数465で掛けると244人（小数点以下切り上げ）が安定多数だとわかります。

③絶対安定多数（261議席）

安定多数だと委員長決裁という「危ない橋」を渡らなければならない可能性もあります。そこで、委員長枠17を独占しても過半数になり、委員長決裁に頼らなくてよくなるのが絶対安定多数です。安定多数244＋委員長枠17＝261人となります。

④3分の2（310議席）

465の3分の2は310となります。衆議院での可決が、参議院否決となった場合、法案を衆議院で再可決するには過半数でなく3分の2が必要です（27ページ）。

衆議院は首相の最終的指名権があるので与党がたいてい過半数を占めていますが、参議院は野党多数の状態もあり得ます。これを**「ねじれ」**と呼びますが、そうした場合でも、参議院の意思にかかわらず法案を世に送り出せるので重要な数字となります。

なお憲法改正の発議（国民に改正案を示す）には衆参各院で3分の2以上の賛成が必要となり、衆議院の3分の2だけでは届きません。

7

参議院選挙の難しさ

解散がない分、野党多数の状態が生まれやすい

参議院では、しばしば与党が敗北して野党多数の状態が生まれます。

最大の理由は、解散がないのですべて「任期満了」となるため、衆議院のように与党の都合がいい時期に選挙日を設定できないからです。与党にとって不利な状況下で選挙日がやってきたら負けてしまう可能性も十分にあるので、そうならないよう気をつけていても、首相や国務大臣のスキャンダルや失言が飛び出したりすれば、突然の大逆風に見舞われかねないのです。

改選議席の数にも注目です。45選挙区のうち、1人区（1人の議員のみが当選する選挙区）は32あります。ここを制するのは、おおよそその時点で最も強い政党の候補者です。ただし1回だけの勝利ではいけません。3年ごとに半数を改選するので、全体で過半数を獲得するには、2連勝する必要があります。

4つある2人区と5つの3人区も、与党が2議席を占めるのは容易ではありません。2

人区独占のためには2人を立候補させ合計の得票が他の候補の2倍以上必要です。2人の候補への票の配分も難しい問題です。3人区は2人区ほど厳しくないとはいえ、同じようなハードルが待ち構えています。

3つある4人区と東京都の6人区も簡単にはいきません。連立与党の場合だと、少数派の与党が「3人区以上ではうちも議席がほしい」と願うでしょうから、多数派の与党は自重せざるを得ません。また、当選人数が多いと、少ない票でも当選可能なので、規模が小さい野党の候補も当選してきます。

加えて参議院選挙はただちに政権交代につながらないので、ふだん与党を支持していても多少の不満があったら、ちょっと「お仕置きする」という行動（棄権や野党への投票）に出やすいのも与党にとって厳しいのです。かくして、**衆議院選挙には勝ったものの参議院選挙で敗北して内閣が退陣という例がこれまでに多くありました。**

2009年の総選挙に圧勝した民主党は、本格的政権交代を成し遂げました。喜びにわく党幹部のなか、小沢一郎代表代行だけはテレビ取材でも難しい顔で「来年の参議院選挙に勝たないと喜べない」といったコメントをしています。

選挙に強いとされる同氏の不安は的中しました。2010年の参議院選挙で民主党は敗北し、一挙に不安定モードへと突き進んだのです。

8

補欠選挙の重要性

「たった1議席」だからこそ注目が集まる

KNOWLEDGE OF POLITICS FOR CITIZENS

補欠選挙（補選）は、原則として衆議院と参議院の議員が死亡や辞職などで「欠けた」場合に空白を埋めるため行われます。任期は前任者の残り。4月と10月にまとめて行います。せいぜい1人か2人を選ぶ程度で、国会議員の勢力図の大勢に影響はありません。ではどうでもいいかというと……これが大違いなのです。

「たった1議席」でも国会議員を選ぶので、テーマは国の政策となります。となると衆議院であれば全国の議席を一斉に決める総選挙より、**「たった1議席」ゆえに日本中の注目が集まるのです**。各党もトップを選挙区に送り込むなどヒートアップするのが通例。結果として政権を揺るがす事態へと発展したケースも過去にありました。

補選の見どころは、まず「議席死守か奪還か」です。基本的に前の議員が所属した政党の公認・推薦候補が勝たないと「負け」です。補選が行われる理由が前議員の死去や病気などによる任期中の引退、自治体首長選挙出馬に伴う辞職などであれば比較的たやすく「死守」できます。

ところが、「政治とカネ」にまつわる不祥事に起因して前任者が辞めるといったスキャンダルとなれば話は違ってきます。後任候補への風当たりが強くなるからです。ゆえに後任候補が勝って「みそぎを終えた」とするか、対立候補が勝って「国民は不祥事を許していない」と満天下に叫ぶかの戦いとなります。そのスキャンダルの「国政への影響度合い」も判断できます。過去にあった、政局の節目となった補欠選挙を挙げてみましょう。

①1987年3月の参議院岩手補選

当時の中曽根康弘首相が言い出した「売上税（今の消費税に相当）導入」に「反対」を唱えた日本社会党（当時の野党第1党）候補が圧勝。「(当選は）中曽根さんのお陰です」と皮肉られ、売上税撤回に追い込まれました（岩手ショック）。

②1989年2月の参議院福岡補選

自民前職の死亡にともなう選挙ですが、当時の竹下登政権が導入を進めていた「消費税導入」と、前年に発覚した「リクルート事件」に嫌気した有権者が社会党公認候補に投票し、自民党候補が完敗しました。

③1992年3月の参議院宮城補選

労働組合の中央組織「連合」を基盤とした候補が、大接戦の末に自民党公認候補らを退けて初当選。東京佐川急便事件などの相次ぐ政治家のスキャンダルに県民の怒りが爆発しました。当時、「とりあえず自民に」が当たり前だった宮城県での勝利は、連合の山岸章会長が「スリルとサスペンス」と振り返るほどの激戦でした。

また、前述した1989年とこの92年の補選は、関税貿易一般協定（GATT・今のWTOの前身）のウルグアイ・ラウンド（1986～94年）で迫られていた「コメ市場の開放」に定まらない姿勢をみせていた政府・自民党に農家が批判的な視線を向けていた点でも共通します。

④2008年4月の衆議院山口2区補選

自民党前職が市長選立候補のため辞職して行われ、民主党公認候補が自民党新顔を破って議席を奪取しました。民主党候補はガソリン税などの道路政策、「消えた年金」問題、告示日から保険料天引きが始まった「後期高齢者医療制度」を攻撃材料にして自民党王国の山口で金星を挙げました。翌年に実現する民主党政権を予感させる結果でもありました。

9 がんじがらめの公職選挙法

采配を間違えば「アウト」となる可能性も

KNOWLEDGE OF POLITICS FOR CITIZENS

公職選挙法は衆議院・参議院の国会議員選出選挙をはじめ、地方自治体の首長から地方議会議員の選挙に至るまで広く適用される法律です。目的は、選挙が「公明且つ適正に行われること」（1条）。

これ自体に異議のある人はいないでしょう。現に何度も何度も買収などの問題が発生しては改正されてきた経緯もあります。しかしその結果、かんじんの「選挙人の自由に表明せる意思によって」（同）が危うくなるほど厳しい内容になっているのも事実です。

選挙になると、いわゆる「選挙のプロ」が各候補者の陣営に座る場合が多くなります。勝利のために采配を振るう参謀との位置づけです。せっかく当選しても選挙違反でつかまってしまっては困ります。選挙運動員の勝手な行動と釈明するだけでは済まない場面もあります。そのため、「選挙のプロ」が地雷原のような公職選挙法の決まりを縫うように差配します。

以下に主な「アウト」例を紹介します。

- **満20年未満の者が選挙運動する（137条）**

候補者の子でも未成年であったら「お父さんをお願いします」と訴えてはいけません。

- **投票を呼びかけるべく戸別訪問をする（138条）**

偶然はいいとされます。例えば、わざとらしいですが、首相が電車に乗り「偶然」同席した人に「お願いします」はOKと。

- **飲食物を提供する（139条）**

「飲食物」とはそのまま食べられるもの。弁当はしたがってダメです。同条には「湯茶及びこれに伴い通常用いられる程度の菓子を除く」とあり、「お茶を出す」（例えば、お茶とまんじゅう）程度は認められています。

- **3種類以上のビラを作ってまく（142条）**

ビラ（通常「ちらし」とも呼ぶ）は、選挙管理委員会に届け出た2種類以内しか認められません。

- **ビラをマンションのドアポストに投函する（142条）**

ただし新聞折り込みならばOKです。

・選挙期間中に選挙区へ年賀状を出す（146条）

暑中見舞いも、もちろんダメです。

・午前8時から午後8時まで以外の時間で、選挙運動のための街頭演説をする（164条）

あれ？　早朝深夜に演説している人を見た？　それはきっと地声。「選挙運動のための街頭演説」は、主に拡声器の使用を前提とします。

・選挙期日後に当選のあいさつを行う（178条）

同条に定められた「制限」以外で当選の「あいさつ」をするのは難しく、祝賀会もダメなのです。

・金銭、物品その他の財産上の利益を与える（221条）

とにかくお金を10円でも渡したらアウトです。「記念に」と何かを渡してもいけません。買収になる恐れがあるからです。

また、そもそも公職選挙法が定めた正規の選挙活動が始まった、という号砲にあたる**「公示」**（衆議院総選挙と参議院の通常選挙のみ使用）、**「告示」**という制度も窮屈です。衆議院選挙では投票日の12日前、参議院や都道府県知事選挙では17日前など、選挙によって異なりますが、候補者はその日のうちに立候補の届出をしないと選挙に参加できません。

選挙運動の規制の一例

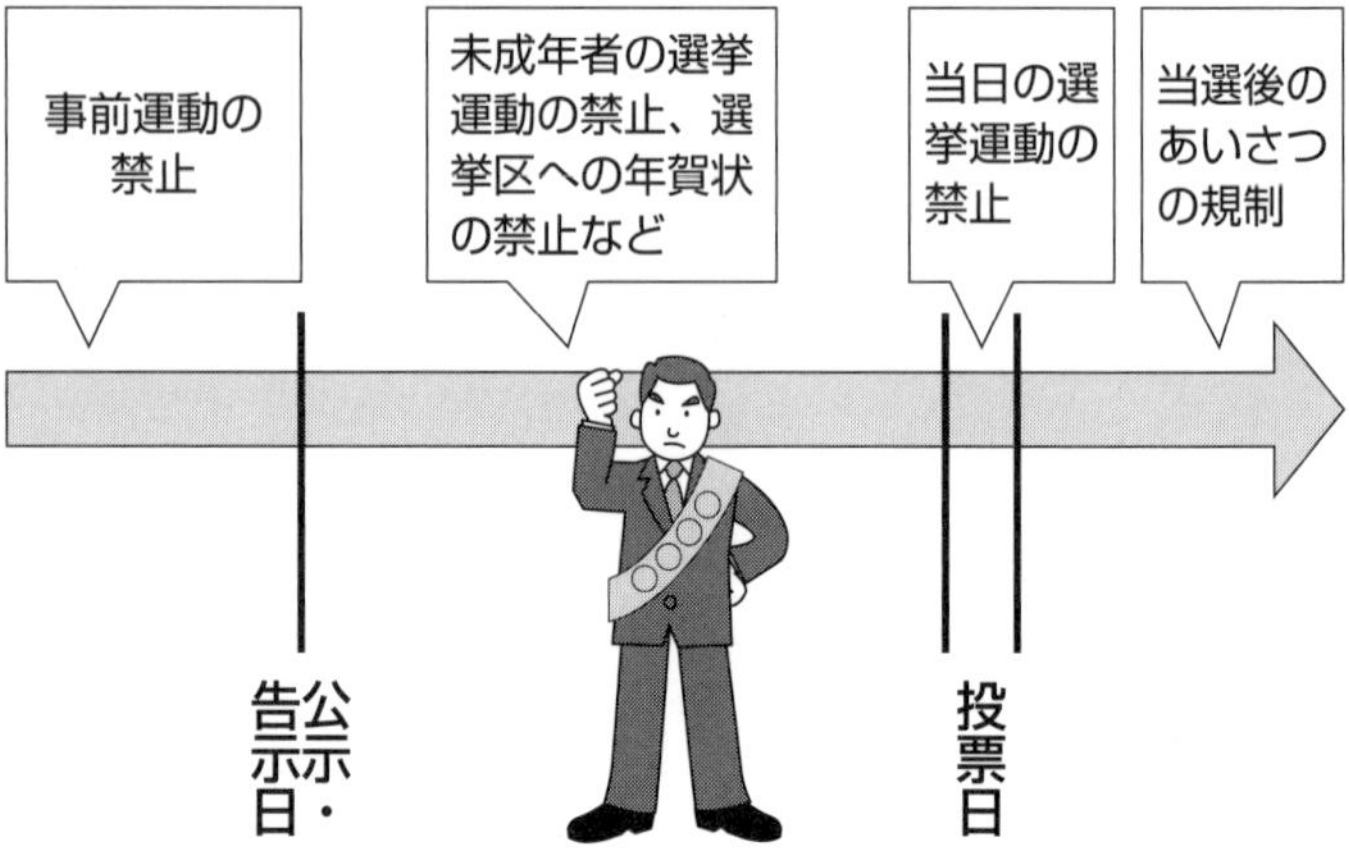

いわば公示・告示日から投開票日前日まで（当日は選挙活動禁止）が「正規のレース」となりますが、このような制度は海外ではあまり見当たりません。

例えばアメリカは、大統領から市長選に至るまで決まっているのは投票日だけ。したがって政治家は年中選挙活動をしているのと同じです。

日本では禁止の戸別訪問もガンガンやっています。「ピンポーン」とインターホンが鳴り、ドアを開けたら現職の大統領が微笑んでいるというシチュエーションもあり得るのです。

第3章

国会の役割とは

1 国会議員って何をする人？

「法律を作る」仕事とはどういうものなのか

KNOWLEDGE OF POLITICS FOR CITIZENS

国会議員は、「立法」する、つまり「法律を作る人（「直す」「廃止する」を含む）」です。「法律を作れる唯一の人々」と言い換えてもいいでしょう。**私たちは選挙で「法律を作る人」を選んでいるのです**。

その権限は絶大です。私たちの普段の生活での立ち位置は「法律は守るべき」ですから、違法なものは違法で合法なものは合法です。ところが国会は憲法に反しない限り、違法を合法にも、合法を違法にもできるのです。

サッカーに例えるならば、「ゴールの位置を動かしたり、その大きさを半分にする力がある」といえます。しかも国会は「国権の最高機関」として他の二権（司法、行政）より上位に定められています。国会議員の選挙を棄権すべきでないのは、妙な人が選ばれてしまうと、それこそゴールの位置を動かされかねないからともいえましょう。

ります。

●議員立法と閣法

国会議員は衆議院に465、参議院に242の定数があります。合わせて707人となります。

「唯一の立法機関」である国会で成立した法律を、行政府の首相は拒否できません。したがって首相およびその人が率いる政府がだらしないならば、野党は国民に役立つ法案を次々に審議して立法すればいいのです。このような法律案は衆議院で20人（予算を伴う場合は50人）、参議院10人（同20人）の賛成で提案でき、一般に**「議員立法」**と呼びます。

一方、与党は首相の味方ですから、内閣は各省の同意と調整を経て、行政サービスとして実現可能性の高い法案を国会に提出できます。これを**「閣法《かくほう》」**と呼びます。

●議員立法の数が少ない理由

閣法が不十分ならば、野党でもバンバン議員立法を打ち出して賛同者を増やせば役割を果たせます。国民が求めている案ならば与党も乗らざるを得ないはずです。

ところが議員立法は議員一人一人の思想信条を重んじなければならないケース（臓器移植法など）や行政府が関与するべきでない場合（議員定数の改定など）を除き、おおむね低調です。最大の理由は提出されないからではなく、提出しても相手にされないから。

議員立法が国会に提出されたとしましょう。日本の国会は委員会中心主義（93ページ）なので、法案の種類を考案してどの委員会に付託（審議を依頼して任せること）するかを**議院運営委員会**（議運）が決めます。

言い換えれば付託先を議院運営委員会が決めなければ、審議さえされないままになってしまうのです。議運の構成は基本的に多数が与党、つまり首相の味方なので、野党提出の議員立法を嫌い、結果的に多くの法案は提出されても消えてしまいます。

しかも議運の決定は、あくまでも政党にある機関にすぎず何の法的根拠もない**国会対策委員会**（国対）の判断を受け継ぐパターンが目立ちます。

要するに正規の手順を踏んだ野党提出の法案は、謎の存在の国対が密室で決めた判断で葬り去られている可能性もあるわけです。こうした議員立法を「つるす」（付託しない）手法は今でも続いています。

マスコミもこの点で問題ありです。そもそも議員立法を与党のメンツで「つるす」とか、国対の委員長をあたかも大臣クラスのように扱うのは悪習といえます。ただ長く続いた方法なので、それに沿って報道したほうが現実的だという惰性が垣間見えます。結果として、どのような議員立法が誕生以前につぶされているかを読者や視聴者に知らせていません。

●「決議」と「質問主意書」

なお国会ではしばしば**「決議」**も行います。国会の意思表示です。衆議院の内閣不信任決議以外は法的拘束力がありません。決議は「国会の意思」なので全会一致を原則とします。決議文が衆参で異なるケースも多く見られます。決議は両院でそれぞれ、ないしは片方でも行われるからです。

有名なのは参議院で首相や国務大臣の責任を問う**問責決議**ですが、首相が仮にこれを決議されても無視できます。衆議院の**内閣不信任決議**だけは別で、採択されたら首相は衆議院の解散か内閣総辞職のどちらかを選ばなければなりません。

また、委員会などで質問する時間が限られていても**「質問主意書」**というものを提出できます。これは、国政一般の質問で内閣の見解などを問うものです。文書は議長を経て内閣へと送られ、**「答弁書」**で回答されます。答弁書は内閣の義務であり政府の統一見解という重い意味を持っています。

主意書は、何回でも提出できるので小会派や無所属議員の武器となっています。

2 国会議長の仕事

議会が紛糾した際には、議長が調停に動くことも

国会議長とは、衆議院議長と参議院議長を指します。日本は三権分立を採っていて両議長は立法府（国会）の長です。ちなみに行政府トップが首相（内閣総理大臣）で司法府トップが最高裁判所長官となります。この4人が「三権の長」と呼ばれるのです。

ではそのなかで最も偉いのは誰か。憲法41条に「国会は、国権の最高機関」とあるので衆参両院議長となるようです。国会の席は、中央左のひな壇が首相席ですが、議長は真正面の一段高い場所に座っています。閣法の審議の場合、首相をはじめとする内閣は国会に審議と成立をお願いする立場なので、一段低いところで構えています。

両院の議長は投票で決められるものの、慣例として第一会派（31ページ）から議長を、第二会派から副議長を選出します。任期は衆議院議長の場合、議員の任期と同じ。参議院議長は3年に1回行われる半数の改選までというのが慣例となっています。

KNOWLEDGE OF POLITICS FOR CITIZENS

国会法19条の「各議院の議長は、その議院の秩序を保持し、議事を整理し、議院の事務を監督し、議院を代表する」が代表的な役割です。象徴的なのが本会議開催のベルを鳴らす権利でしょう。

国会の召集は天皇の国事行為ですが、「内閣の助言と承認により」（憲法53条）行われるので事実上首相の権限です。衆議院議長は参議院議長とも話し合って開会式を主宰します。開会式の場所は参議院本会議場。旧帝国議会で存在した貴族院には玉座があり、開会式は天皇をお迎えしての式典なので、貴族院の議場を引き継いだ参議院で開かれるのです。なお開会式は召集日に行わなくても構いません。

何といっても議長の役割として重要なのは公正な議事進行です。国会には法律や規則に加えて多くの慣例があるので、それらを踏まえないと混乱を生じます。したがって議長は当選回数を重ねて事情にくわしいベテラン議員が選ばれるのが常です。公正さを担保するため、所属会派から離脱して無所属になるのが習わしです。

何ら障害が生じないままスムーズに閉会まで進めるのが何より重要です。一方、万一大混乱に陥ったら、議長は秩序保持のため国会内の警備などを担う職員である衛視《えいし》を入れたり、あまりに騒がしいと鈴を鳴らしたりします。いったん鳴ったら出席議員は全員黙らなければなりません。

また議長は採決に加わらないものの、可否同数の場合に限ってどちらかに決する権限もあります。

●議長が調停に動く場合も

もめにもめて収まりがつきそうもないと判断したら、議長が自らあっせん案を示すなどして双方の調停に動く場合もあります。**議長のあっせん案に法的根拠はないものの、三権の長が自ら動いたという事実は重く、それでまとまる場合もあります。**

2008年1月、ガソリン税について与野党が対立しました。1974年から本来の税率の2倍となっていた暫定税率の期限が3月31日に切れるのを見越して、参議院で多数を占めていた民主党など野党が「(ガソリン税などでまかなう)道路財源は税金のムダ遣い」と失効に追い込もうとし、与党は約2カ月引き延ばす「つなぎ法案」で対抗します。

「つなぎ法案」は衆議院の委員会で可決。本会議でも可決の見込みでしたが、野党優位の参議院での混乱は確実。そこで1月30日、河野洋平衆議院議長と江田五月参議院議長による「年度内に一定の結論を得るものとする」とのあっせん案を受け入れました。

与党は失効を回避できると、野党は「つなぎ法案」を葬って果実を得たと、それぞれ独自にあっせん案を判断したのです。衆議院が与党、参議院が野党多数の「ねじれ国会」ならではの光景でした。

●議長の権限の限界

議長の権限は限界があると思い知らされた出来事も数多くあります。

2004年の自衛隊イラク派遣をめぐる与野党攻防で、議長就任までは派遣に慎重姿勢で、就任後も日本人外交官殺害事件を引き合いに「『弔い合戦』という雰囲気になっていないか、あおっているような気もする」と不安を口にしていた河野洋平議長は、審議中も自民党の中川秀直国対委員長（国会対策委員会委員長）と民主党の野田佳彦国対委員長を議長室に呼んで話し合うよう促したものの決裂して、与党単独での衆議院可決を許しています。

2009年に政権を握った民主党は、小沢一郎幹事長が断固成立を目指した中小企業者等金融円滑化臨時措置法案でもめます。横路孝弘衆議院議長に野党自民党と公明党が再三にわたって仲裁するように求めましたが「それは国会対策委員の間で……」とムニャムニャ。指導力を発揮せぬまま与党による単独採決となりました。

事実上クビを飛ばされたと言ってもいいケースもあります。1989年、予算を自民党単独で通過させて野党が怒ったのを憂えて、自民党は原健三郎衆議院議長の辞任でカタをつけようとしました。かつてはこうした「議長のクビを手土産に国会正常化」がふつうに起きていたのです。ところが原議長は頑として受け付けません。

「採決は自民党に頼まれたから踏み切ったのに成立したら手のひらを返すとは何ごとだ」「自民党は腰抜けだ。止めさせたいのならば議長不信任案を可決させろ。そうなったら議長どころか議員まで辞めてやる！」と態度を硬化させて抵抗しました。

与党が議長不信任賛成など前代未聞でしたが、自民党による不信任決議でも出すかというところまで来てやっと辞任しました。

議長によるあっせんの失敗例も。

２０００年10月、参議院比例代表選挙の方式を、それまでの拘束名簿式（順番を決めて上位から当選）から非拘束名簿式（現在の制度・53ページ）に変える公職選挙法改正案で与野党がぶつかり合いました。賛成する自民党などの与党と反対する野党に斎藤十朗参議院議長が独自の「拘束と非拘束のミックス案」を示して騒ぎとなりました。

野党は「非拘束が残っているので反対」で、与党もすでに委員会採決で可決している法案の内容まで修正するのは異例であり認められないと、やはり反対。あっせんは失敗に終わり、四面楚歌の状態となった議長は結局辞任しました。

3 通常国会・臨時国会・特別国会

それぞれの違いを知っておこう

KNOWLEDGE OF POLITICS FOR CITIZENS

国会には**「通常国会」**、**「臨時国会」**、**「特別国会」**の3種類があります。また加えて衆議院が解散されている間、緊急の要件がある場合に内閣は参議院の「緊急集会」を求める場合もあります。この緊急集会を除いて、日本の国会は会期制を採っていて、その間に提出された法案は「衆議院、参議院ともに可決される」か、「両院の可否が別である場合に開かれる両院協議会で妥協案が成立する」か、「衆議院で可決したものの、参議院で否決ないしは60日以内に議決しない場合に、衆議院で3分の2の賛成を得て再可決する」か、のいずれかに該当しない限り、基本的にすべて廃案です。

したがって、重要法案を何としても阻止したい野党が数の上で劣勢であれば、何とか会期中に両院の採決まで持って行かせないようにして廃案を狙います。首相は自らの内閣が提出した法案を何としても成立させたければ、会期そのものを延長して「時間切れ」による廃案を防ぐのが一般的です。なおこの原則の例外が**「継続審議」**です（101ページ）。

それぞれの国会の特徴

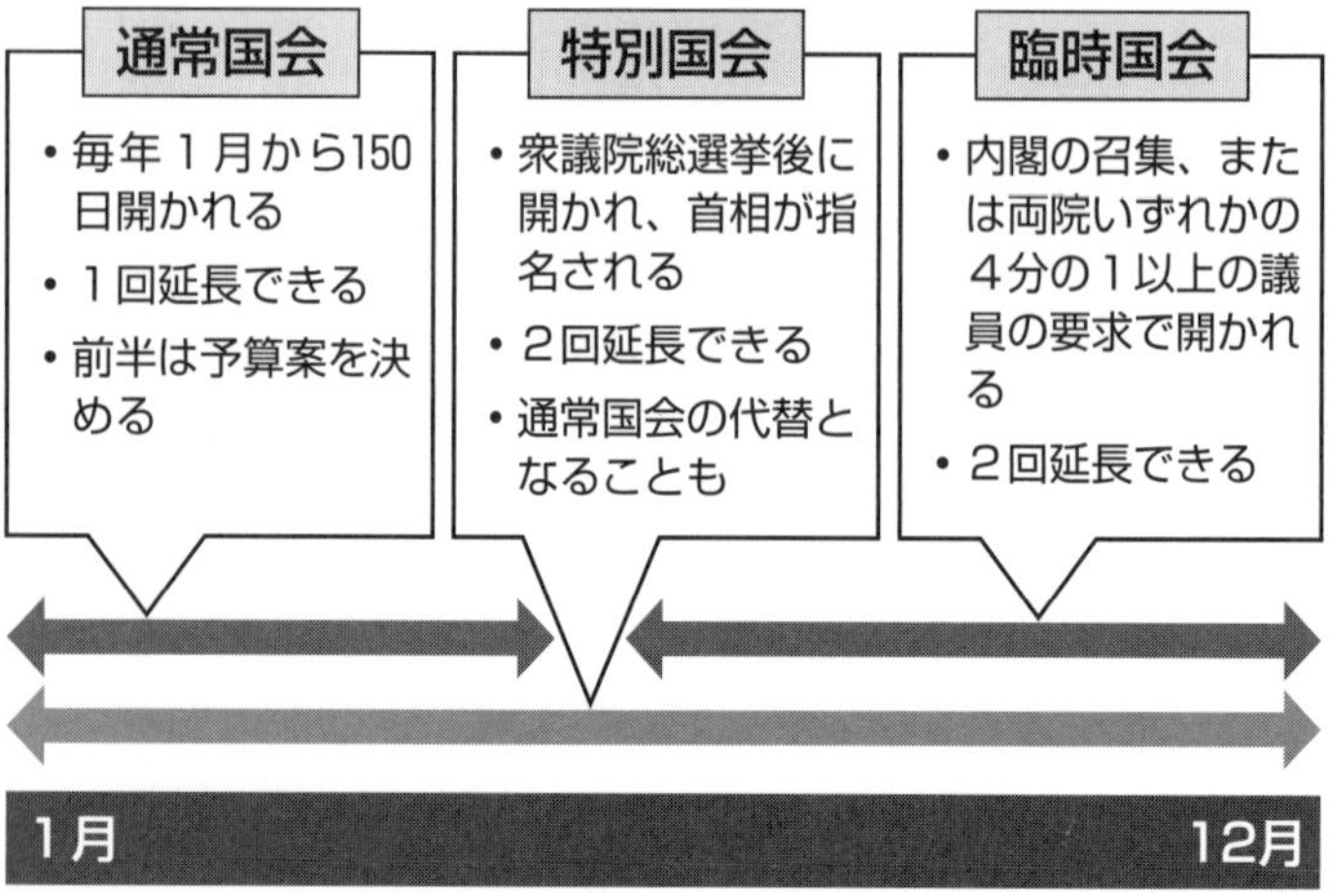

通常国会の会期は１５０日、臨時国会と特別国会は1日で終えても構いません。通常国会は憲法で必ず年1回開くとされ、１９９２年からは1月に召集されています。前半に予算を、後半に重要法案などを審議するのがよくあるパターンです。

臨時国会は内閣または両院いずれかの総議員の4分の1の要求で開かれます。しかし召集の義務を憲法は明記していないので、要求があっても内閣は臨時国会を開かないという選択肢もあり得ます。

特別国会は衆議院議員総選挙後に開かれます。結果にかかわりなく総選挙後に内閣はいったん総辞職しなければならないため、特別国会の主な役割は首相指名選挙です。

延長の回数は通常国会は1回、臨時国会と特別国会は2回です。決めるのは内閣で、端的にいってしまえば首相の判断となります。

4

委員会と本会議

法案は、まず各議院の委員会にて審議される

KNOWLEDGE OF POLITICS FOR CITIZENS

戦後の日本の国会運営は、**委員会中心主義**を採用しています。法案の数が増え、その内容も専門的になってくると議員全員が集う本会議ではなく、「外務委員会」「文部科学委員会」など、省庁と対応した分野別の常任委員会を中心に話し合いをします。

国会議員は少なくとも1つの常任委員会の委員とならなければなりません。在任期間は議員の任期と同じです。委員の数は会派に所属する議員数の比率とほぼ一緒。したがって会派が大きいほど多くの議員を送り込めます。

委員は、所属する委員会の分野に興味を持っている者がなりたがるのが通例。長く続ければ専門能力も高まるため、効果的で深い審議ができるようになるというのが委員会中心主義最大のメリットとされています。半面で、例えば国土交通委員会委員をずっと務めてくわしくなると、国土交通省が管轄する公共事業にかかわる企業などが近づいてきたりします。

議員も、選挙の際の協力や議員内での重みを増したいがために、その企業が有利になるよう、法案審議においてその持てる知識と調整力を駆使するようになります。これがいわゆる**「族議員」**です。

一般的に法案で内閣がさまざまな改革をしたい場合、最大の抵抗勢力になるのが族議員です。半面で、族議員を味方にして改革を推進するという手もあります。

府省庁と直接関係しない常任委員会が、予算・決算の委員会（105ページ）と議院運営委員会（84ページ）、懲罰委員会です。懲罰委員会は、登院停止や除名など議員の身分にかかわる罰を下せます。めったに起きないので委員会もほとんど開かれずありていにいえばヒマ。そのため派閥の領袖（ボス）や党幹部といった党の仕事で忙しい人や、首相経験者など重鎮が顔を並べています。

また他に、国会法45条は「各議院は、その院において特に必要があると認めた案件又は常任委員会の所管に属しない特定の案件を審査するため、特別委員会を設けることができる」と定めています。**特別委員会**の任期は案件が院で議決されるまでで、会期ごとに設置されます。

5

法律ができ上がるまで

内閣が法案を提出し、成立するまでの流れ

議員立法については83ページで述べたので、ここでは法案提出のメインとなっている内閣提出法案（閣法）について述べていきます。

閣法の根拠は、憲法72条「内閣総理大臣は、内閣を代表して議案を国会に提出し、一般国務及び外交関係について国会に報告し、並びに行政各部を指揮監督する」にあります。

実際に法案を作成するのはほとんどの場合、中央省庁（文部科学省や外務省など）に勤める国家公務員です。そこのエリートたちが主導して、重要法案（首相が意気込んでいる法案）ともなれば徹夜の連続で文言を調整していきます。でき上がったら各府省庁の幹部が「これでいいのか」という判断をし、GOとなれば、例えば自民党中心の政権では**「与党審査」**にかけられるのが通例です。

日本は議院内閣制のため「政府・与党」が一体です。事前に与党の了解を取っておかないと国会で思わぬ混乱を生みかねません。党のトップは首相職で忙しいので、代わりに自

KNOWLEDGE OF POLITICS FOR CITIZENS

民党の場合は、**三役（幹事長、総務会長、政務調査会長）**と呼ばれる幹部が仕切っています。

法案は、まずは政務調査会にある部会や調査会にかけられます。

担当する省の役人が「ご説明」を行い、質問や議論をした結果、修正される場合もあります。全会一致でOKが出たら、会長と副会長の了承を得て総務会へと移行し、通過したら審査は終了。自民党国会議員は必ずこの法案に賛成しなければいけないという**「党議拘束」**をかけられます。

また、法律としての欠陥はないかとか、他の法律との兼ね合い、憲法違反の可能性などをチェックするのが内閣に置かれている**内閣法制局**です。司法試験合格者など法律のプロフェッショナルを集めていて、省庁幹部に渡る前の段階で一度は見てもらっているようです。

このような過程を経た上で、首相が議長となる国務大臣の会議である「閣議」にかけられます。

かつては大半の省の事務方トップの集まりである「事務次官会議」で事前調整をして認められた法案だけが、閣議にかけられていました。ところが2009年に政権を取った民主党の鳩山由紀夫首相が「官僚主導の象徴だ」と廃止してしまいました。しかし政治家との連携がギクシャクしたため、11年に「各府省連絡会議」として復活させ、12年には「次官連絡会議」と改称します。ただし、かつてのような事前調整機能はもう持っていません。

●閣議決定後の法律作成の流れ

閣議決定した法案は、衆議院または参議院どちらかの議長へ提出されます。議長は委員会へと付託します。委員会のうち常任委員会は府省庁と対応しているので、例えば国土交通省が作った法案であれば国土交通委員会へと渡っていきます。いずれにせよ閣法は、内閣と、衆議院では多数を占めているであろう与党が事前に了解していますし、国会議長も少なくとも衆議院は与党選出であるので、少数会派が提出した議員立法のように審議されないということはあり得ません。

また、国会法51条には「委員会は、一般的関心及び目的を有する重要な案件について、公聴会を開き、真に利害関係を有する者又は学識経験者等から意見を聴くことができる」とあります。ある法案が成立すると得をしそうな人や損をしそうな人が出てきたり、高い学識をうかがいたいと願ったりした人がいる場合です。一般会計予算や重要な歳入（収入）に関する法案では、このような**公聴会**が義務づけられています。

その後、担当国務大臣・副大臣らと委員との質問のやりとりが始まります。必要とあれ

法律案成立までの流れ

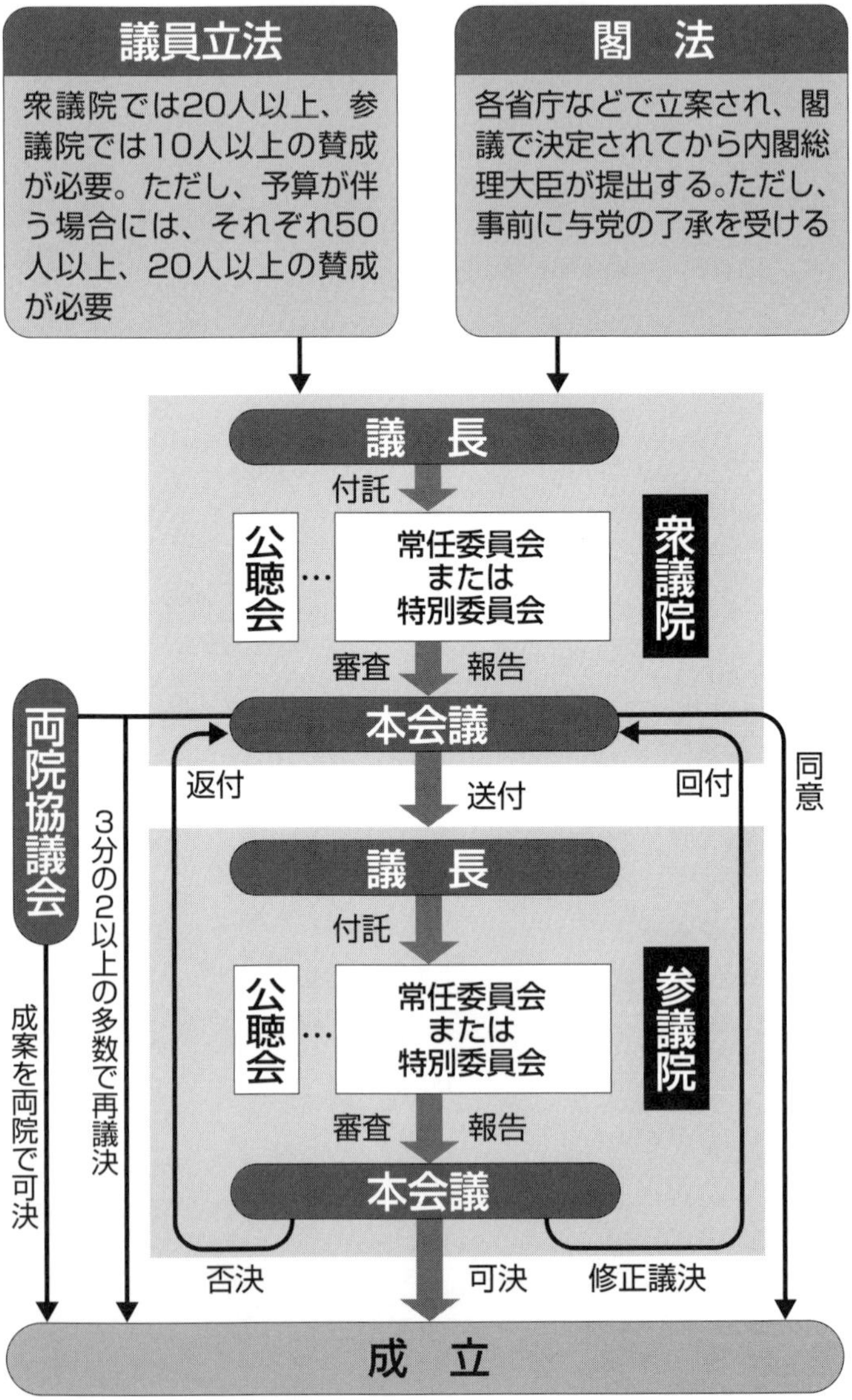

※参議院ホームページ資料を基に作成

ば首相も駆けつけます。

順番や時間はあらかじめ決められていて、その後に採決です。もめると委員長と、委員長指名による理事によって今後を話し合います。それでも収まりがつかない場合には、質疑の終局の宣言など、委員会の運営にかかわる事柄は委員長の職権ですので、それを行使する可能性もあります。採決は起立や挙手で行われます。

ここで重要なのは68ページで示した「多数」のあり方です。与党過半数でも安定多数に届いていないと否決されることもあり得ます。

●本会議での採決

委員会終了後、委員長は本会議で全議員に「本法案は委員会で可決（または否決）されました」という旨の報告を行います。

本会議は所属議員全員で構成する、法案の最終意思決定機関です。ここで討論が行われたのちに採決となります。その手法は「起立」「記名投票」「異議の有無」「押しボタン式投票」があります。

記名投票は議長が必要があると判断した際に行われ、たいていは「起立」です。「押しボタン」は参議院のみの方法で、賛成か反対のボタンを押します。

したがって国会議員が法案採決で票を投じる場面があるとすれば、記名投票になったときです。賛成は白、反対は青の木札で意思表示します。目に見える形なので誰が賛成・反対をしたかハッキリわかるしくみです。

本会議が荒れるとすれば、賛否の勢力がほぼ等しいとみられるなかで、棄権・欠席が大量に出る場面です。

日本の国会議員は多くの場合、「党議拘束」(96ページ)によってあらかじめ縛っておき、それに反した場合は処分される恐れがあります。しかし「賛成せよ」という拘束があっても内心反対だという場合や、その逆という議員も当然いるでしょう。そこで苦肉の策として欠席や棄権という行動に出る場合もあります。

過去の国会で注目を集めた「欠席・棄権」の事例として有名なのは、何といっても2005年の郵政民営化法案審議です。

小泉純一郎首相念願の法案は党内にも多数の異論を抱えていました。棄権・欠席した議員は衆議院14人、参議院8人にも及び、自民党内での反対(衆議院37人・参議院22人)を加えた結果、衆議院は通過したものの参議院で否決されました。首相はすぐさま衆議院解散を表明し、総選挙に打って出ました。

2012年の消費税増税を含む一体改革法案は、与党であった民主党が野党の自民・公明両党と手を組んで成立させたので、与野党ともに反対者が多く出て、衆参両院の審議でも欠席・棄権がかなり出ました。この混乱で民主党は分裂し、同年の総選挙で大敗してしまいます。

また、大半の党が党議拘束を外した1997年の臓器移植法成立の過程では、共産党が党議拘束した上で棄権しています。

片方の議院で委員会可決を経て本会議可決となれば、もう1つの議院での審議に移ります。委員会から本会議にかけられるまでの経緯はほぼ同じ。片方の院が否決したら廃案ですが、衆議院の優越規定（27ページ）で成立するものもあります。参議院が60日以内に議決しない場合も衆議院で3分の2の賛成を得れば再可決できます。

また、**「継続審議」**となる場合は、両院の過半数が賛成すれば次の国会に引き継げます。しかしその法案が両院いずれかで可決されていても、持ち越したら改めて採決をやり直さなければなりません。

施行（効力の発生）

可決成立した法律は天皇に奏上され、30日以内に**公布**されます。その後一定の期間後に施行（効力の発生）されて法律としての作用をスタートさせます。

6 予算を決める流れ

通常国会では必ず国の予算案が審議される

KNOWLEDGE OF POLITICS FOR CITIZENS

国会は、法律と同時に国のお金の使い方を決める場でもあります。

通常、単に「予算」という場合は、年度（当年4月1日から翌年3月31日まで）に入ってくるお金とその使い道を示した**「一般会計予算」**です。**「当初予算」**ともいいます。

いうまでもなく、何かをするにはお金がいります。それは国のサービスも同じ。なので毎年1月、必ず開かなければならない通常国会で、新春から3月末までのうちに国が見込んだ収入（歳入）と使い道（歳出）の見積もりを、憲法の規定で内閣が「作成して、国会に提出」（86条）するのが予算案です。

まず前年8月頃までに「省」や「内閣府」など国の機関が翌年の見積もりを作ります。これが**「概算要求」**です。まあ各省庁が欲しい分だけ要求しがちなので「盛った」数値もあるのでしょう。そこを財務大臣が年末近くに審査をして**「予算原案」**にします。

当然、ここで概算から削られたり無くなったりする要望も出てくるので、もう一回、原

2016年度一般会計予算の構成

歳　出

（単位：億円）

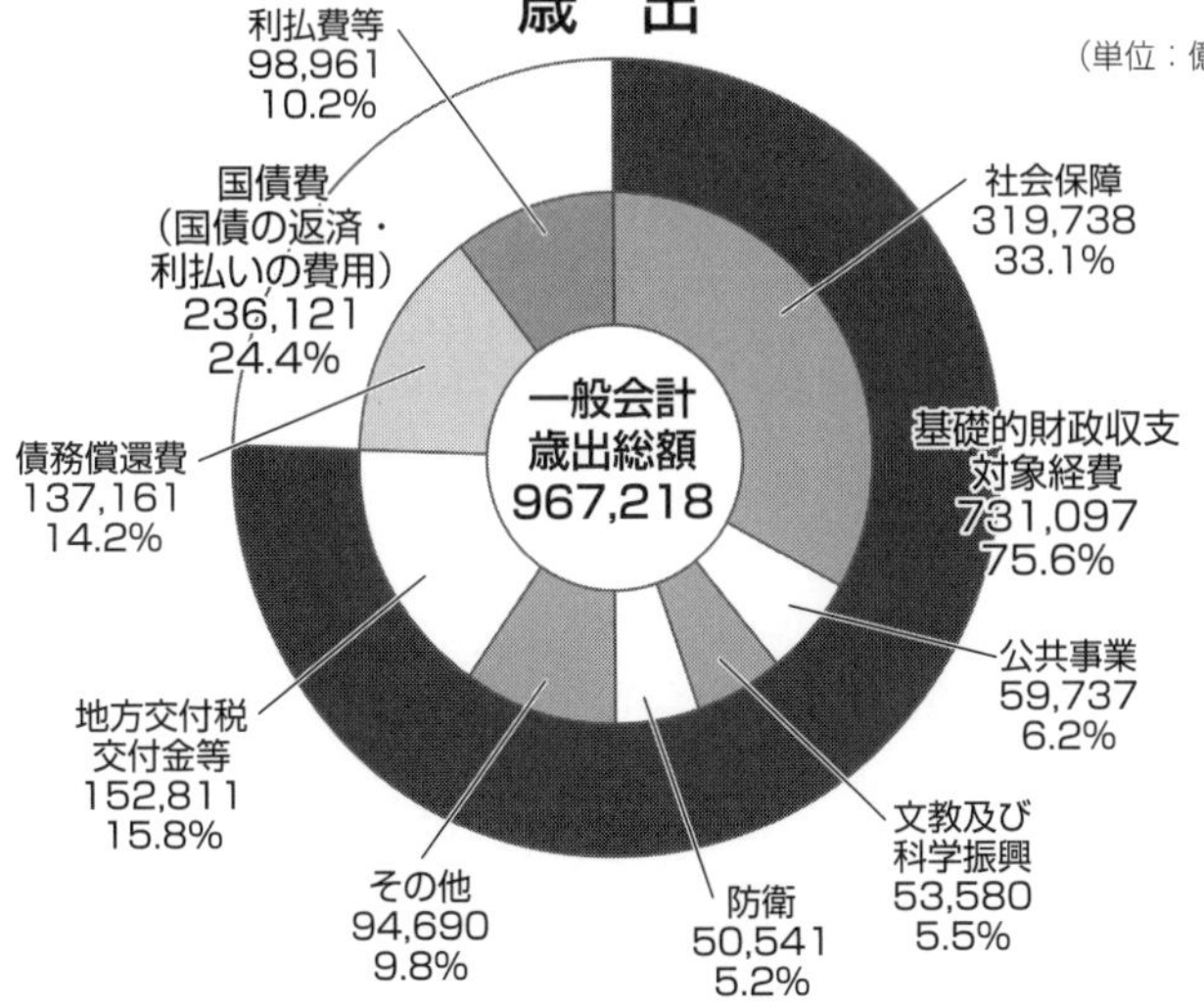

歳　入

（単位：億円）

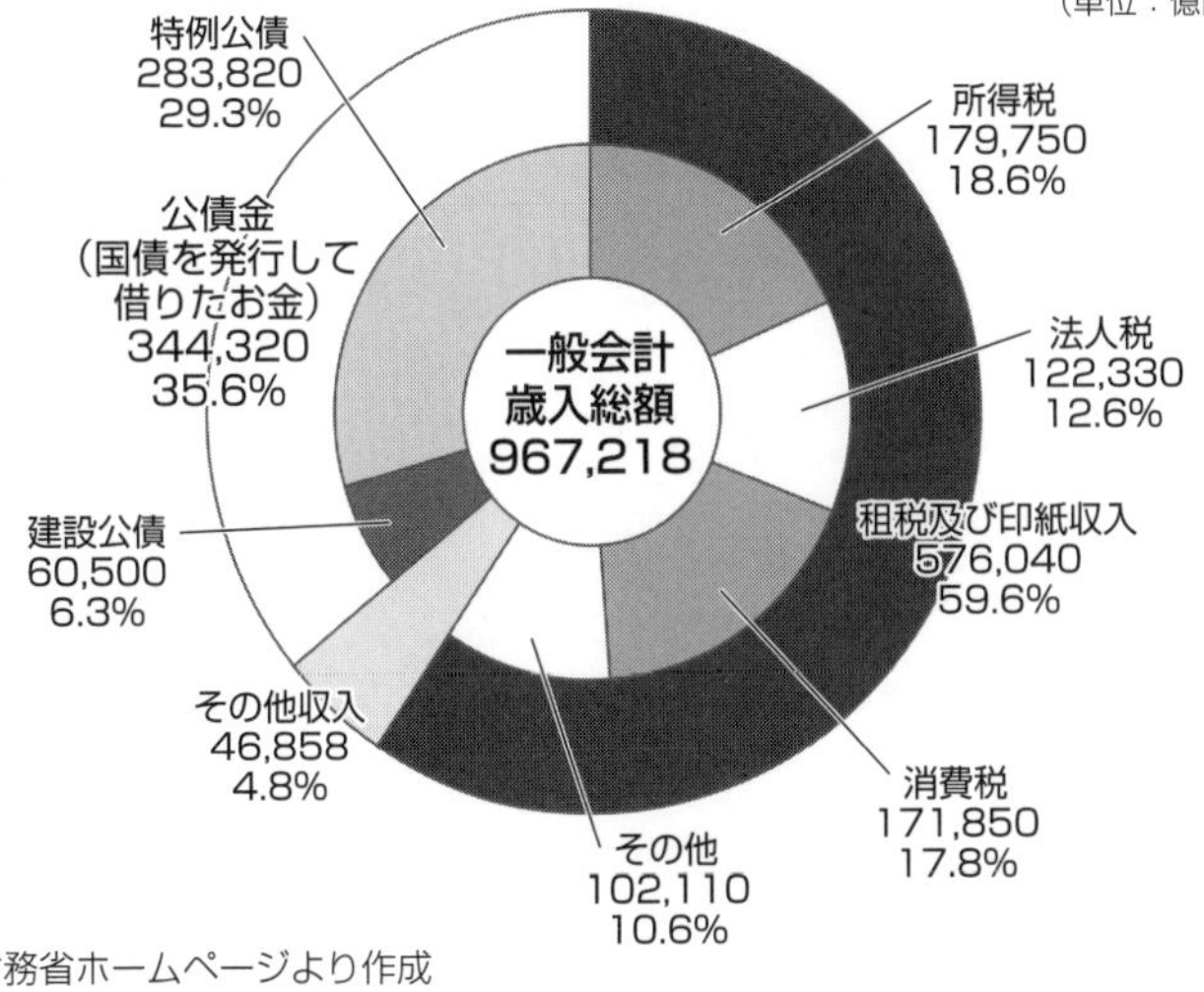

※財務省ホームページより作成

案との突き合わせ・微調整を行います。そこまで根回しした後に、首相をリーダーとする内閣の決定（閣議決定）に至り、それが翌年早々、国会に提案されるのです。

予算案の場合は、1月から始まる通常国会の冒頭にある首相の施政方針演説で年間の方針が語られた後、国の財布を預かる財務省トップの財務大臣が**「財政演説」**という形で示します。その後に与野党各会派の代表による質問があります。ただし、ここまでの演説や質問は「言いっ放し」。具体的な問答は次に開かれる予算委員会となるのです。法律案は原則として衆議院・参議院どちらに出しても構いませんが、**予算案は衆議院が先（先議権）と決まっています**。

最近の当初予算の歳入面では、本来それですべてまかなうべき「税収」だけでは歳出には足りず、国債（国の借金）発行頼りです。歳出のトップは高齢化社会を反映して年金や医療などの「社会保障」で、次いで「国債費」（借金返済）となっています。

なお予算には当初予算以外に「補正予算」「暫定予算」があります。**補正予算**は、年度の途中に、自然災害の被害や不景気の到来などで追加のお金が必要と内閣がみなした場合に、計上されます。**暫定予算**は、年度内に次の年度の当初予算が決まらなかった場合（ごく簡単にいえば4月以降にずれ込んだら）、公務員の給与など当面の間必要な支出だけを計上するものです。

7 予算委員会とは

あらゆる話題が出るため「何でもあり」の感も

KNOWLEDGE OF POLITICS FOR CITIZENS

予算委員会（予算委）は衆議院で50人。会派の大きさに合わせて割り当てられ、委員長が委員のなかから理事を選びます。委員長は国会議長の指名で決まります。このあたりの人事は他の委員会と同じです。

通常国会の前半最大の課題は予算で、質疑のスタートが衆議院予算委員会なので必然的に注目が集まります。

予算案はあらゆる国家機関の見積もりであり、内閣の責任で出されるため、答弁に立つべき国務大臣も原則全員出席。となると予算委以外の委員会に大臣が出席できないため、結果的に予算委優先、予算委のみ開催となります。「当日の国会＝予算委」となればテレビ中継の対象もそことなるわけです。

予算は提出者も執行者も内閣です。ゆえに首相や国務大臣がどういう姿勢で1年間を過ごすつもりかまで話題となります。例えば、委員会開催中のある日、ある場所で大火事があったとすると、質問者は当然、首相や総務大臣（消防を統括）に、その火事についての考えを聞くわけです。閣僚のスキャンダルが報じられれば、予算の執行者としての責任を問うという理由でやはり質問の対象となるでしょう。結果的に予算委が「何でもあり」になるゆえんです。

●予算案の「衆議院の優越」

衆議院の予算委員会が特別な理由はまだあります。衆議院の委員会で採決して可決し、本会議も通ると、予算案は参議院に送られます。その結果が否決や修正となったとしても、最終的に衆議院の議決で決まります。いわゆる「衆議院の優越」規定（27ページ）です。先に述べた先議権もその規定の1つです

閣議決定した「予算書」は、エリート官庁の財務省の、これまたエリートの主計官を中心に「日本で一番厳しい校閲を経た書類」として出されます。1か所が決壊するとドミノ倒しのようにあちこち矛盾が生じるため、内閣はどうしても原案通りに可決したいのです。そして「衆議院の優越」規定があるため、それは難しくありません。

つまり予算そのものについてあれこれいっても、たいてい上手にかわされて終わりです。なので責める側の野党は「こんな内閣の作った予算案を信用できるのか」という格好でス

キャンダル追及をしたり、「態度がなっていない」などと理事に文句をつけて引き延ばしをはかったりして「成果」を得ようとします。

内閣にとって予算の3月末までの成立は至上命題。それができないと大変みっともない非力な内閣とみなされるので、野党が強い状況や痛いところを握られている場合は、問題大臣のクビと引き替えに審議促進を非公式に伝えるといった手段に出ることもあります。「予算を人質に揺さぶる」という行為です。

このように予算委員会は華々しい割に、

①どのみち衆議院で多数を取っている与党が選んだ首相による内閣提出だから原案通りに可決する

②「可決する」とわかっている野党は、しかたなくスキャンダル攻撃などで頑張っているふりをする

という2点があらかじめほぼ決まっているため「出来レース」との厳しい声も浴びせられます。

8 大幅に延長された通常国会

50日以上延長されたケース

日本国憲法が施行されて初の通常国会以降、会期が50日以上延長され200日以上となったのは10回です（2016年5月現在）。なお1992年より前は前年12月召集なので、表記が2年にわたっています。長い順から並べて見てみましょう。

KNOWLEDGE OF POLITICS FOR CITIZENS

①2015年の245日

これまでで最長の延長幅でした。安倍晋三首相きもいりの安全保障関連法案を確実に通すべく決断しました。そもそも会期の延長は織り込み済みで、6月中には衆議院本会議で可決させて参議院に送るつもりでした。しかし、衆議院憲法審査会の参考人が与党・自民党推薦の学者も含めて法案を「憲法違反」と発言し、各種世論調査でも法案が国民へ十分説明されていないという声が多く、また失言問題もあって大きく遅れるのが確実になったため、会期の大幅延長へとつながったのです。法案は最終的に可決成立しました。

50日以上延長された通常国会

	年度	日数	首相	主な延長理由など
①	2015年	245日	安倍晋三	安全保障法案の可決
②	1981～82年	244日	鈴木善幸	参議院において比例区制度を導入
③	1951～52年	235日	吉田茂	首相と公職復帰した鳩山一郎氏との対立
④	2012年	229日	野田佳彦	「税と社会保障の一体改革法案」の可決
⑤	1968～69年	222日	佐藤栄作	安保改定・沖縄返還に関する取り決め
⑥	2011年	220日	菅直人	東日本大震災への対応
⑦	1984～85年	207日	中曽根康弘	電電公社（現NTT）の民営化、男女雇用機会均等法、労働者派遣事業法
⑧	1999年	207日	小渕恵三	緊急雇用対策関連等の補正予算
⑨	1959～60年	200日	岸信介	日米安全保障条約の改定
⑩	2005年	200日	小泉純一郎	郵政民営化法案

②1981年〜82年の244日

鈴木善幸首相のもと、これまで参議院の制度として存在した「全国区」を廃止して比例区制度を導入しました。ただ歴史教科書問題や日米の貿易摩擦、国の収入（歳入）不足などの課題に迅速に対応できず力不足を露呈しました。

③1951年〜52年の235日

吉田茂首相がサンフランシスコ講和条約を結び、発効した時期に重なります。公職を追放されていたライバル鳩山一郎氏が解除されて復帰、対立が公然化し、もめにもめました。閉会後まもなく衆議院解散。

④2012年の229日

消費税増税を含む「税と社会保障の一体改革法案」可決成立に執念を見せる野田佳彦政権が決めました。結局は延長しても決めきれず、間を置かずに開いた臨時国会で当時野党だった自民党と手を組み成立。衆議院解散総選挙となり、民主党は惨敗します。

⑤1968年〜69年の222日

佐藤栄作首相が、翌年に迫った安保改定と沖縄返還に関する取り決めで野党と議論となりました。安保反対を唱える学生への対処に関する法律も、与野党激突のなか、成立しています。

こうしてみると首相がこだわりを持った法案審議のための延長や政争がらみの延長、安全保障にかかわる延長、国難に対応しようとした延長などと分類できそうです。トップ10に、3年半で3人も首相が交代した民主党政権のうち、2人（4位と6位）が入っているのも大きな特徴です。

9 長かった臨時国会と特別国会

会期が100日以上になることも

臨時国会と特別国会は通常国会のように「会期150日」といった定めがないので、何日延長したか、というより、会期自体がどれほど長かったのかを比較すると面白そうです。

●長期間開催された臨時国会

臨時国会はたいてい「通常国会プラス」の位置づけです。通常国会が150日を占めるので、1年365日から引くと最大でも200日ぐらいしかできない勘定になります。幾つか取り上げて見ていきましょう。

①1988年の163日

いわゆる消費税国会。竹下登内閣が召集しました。1988年に税制改革関連6法を可決・成立させて翌年4月から3%で始まりました。国民感情は反対の声が根強く、与野党

KNOWLEDGE OF POLITICS FOR CITIZENS

激突の結果の成立です。臨時国会で最も長い会期となったと同時に、延長幅（93日）も最長です。同時に戦後最大級の贈収賄事件である「リクルート事件」が発覚し、国会も大もめ。内閣支持率は急低下して3％台をつけるや「消費税並み」とからかわれもしました。

②1993年の135日

いわゆる政治改革国会。総選挙の結果、自民党が過半数割れし、野党の多くが結集して1993年に細川護熙氏を首班指名するのに成功し、非自民連立政権が誕生しました。ただちに召集した同年の臨時国会で、当時の衆議院中選挙区制を小選挙区比例代表並立制に改める政治改革関連4法を提出。大混乱の末、この国会では衆議院を通過したものの参議院で否決されま

100日以上開かれた臨時国会

	年度	日数	首相	主な延長理由など
①	1988年	163日	竹下登	消費税導入を柱とする税制改革関連6法
②	1993年	135日	細川護熙	小選挙区比例代表並立制の導入
③	2007年	128日	安倍晋三・福田康夫	首相の交代、新テロ対策措置法
④	1975年	106日	三木武夫	石油危機に対する補正予算
⑤	1986年	101日	中曽根康弘	国鉄（現ＪＲ）の分割・民営化にかかわる法案

した。その後、野党自民党の河野洋平総裁と首相が話し合って修正案に合意。両院の賛否が分かれた際に開かれる両院協議会で可決、続く衆参両院の本会議で可決成立しました。

③2007年の128日

召集した安倍晋三首相が病気を理由に突然の退陣表明。自民党は国会どころではなくなり、会期中に総裁選を行って福田康夫氏を選出。そのまま首班指名選挙で選ばれました。会期が長くなった一番大きな要因です。直近の参議院選挙で自民党が過半数割れを起こすなか、最大の争点は、対テロ戦争を支援するテロ対策特別措置法の失効が現実的になり、代わりの法律である新テロ対策特別措置法を成立させられるかどうかでした。野党多数の参議院で否決された法案が衆議院の3分の2の再可決で成立しています。

●長期間開催された特別国会

首相を選出する特別国会は通常短いのですが、年末年始に解散総選挙があると通常国会の代替としての機能を果たし、長くなる場合があります。また臨時国会の代替である場合もあります。

130日以上開かれた特別国会

	年度	日数	首相	主な延長理由など
①	1972～73年	280日	田中角栄	第二次田中内閣発足。通年国会の様相も
②	1983～84年	227日	中曽根康弘	通常国会の代替。自民党議席の過半数割れ
③	1947年	204日	片山哲	日本国憲法下で開かれた初の国会
④	1967年	157日	佐藤栄作	前年末に1日で解散した通常国会の代替
⑤	1952～53年	142日	吉田茂	この後の特別国会（85日）を含め、通常国会の代替
⑥	1955年	135日	鳩山一郎	解散で打ち切られた通常国会の代替

①1972年～73年の280日

戦後最長の在任2798日を数えた佐藤栄作首相が沖縄返還を花道に退陣し、新たな首相になったのが田中角栄自民党総裁です。

学歴がなくて首相にまで上り詰めた「今太閤」として人気絶頂のスタートで、中国との関係も9月に訪中して日中共同声明を調印し国交正常化を果たしました。余勢を駆って10月に臨時国会を召集して衆議院を11月に解散。総選挙で勝って第2次政権をスタートさせたのが1972年からのこの国会です。

11月解散、総選挙なので通常国会の日程と重なります。いわば特別国会が通常国会（150日）の代替という意味があります。ただこの長さはそれだけでは語れません。国会会期中の1973年は田中首相の持論である「通年国会」を目指したともいえます。この国会では、当時の衆議院中選挙区制を改めて小選挙区制にするという提案も出ましたが、猛反発されて空転。結局、会期を2度延ばしました。戦後最長の特別国会でした。

②1983～84年の227日

1983年にロッキード事件の被告となっていた田中角栄元首相の東京地裁判決が実刑となり、田中派の力を借りた「田中曽根内閣」とからかわれていた中曽根康弘首相は窮地に追い込まれます。起死回生を目指すべく田中氏の影響を排除すると宣言して臨時国会で衆議院解散。自民党は過半数割れとなり新自由クラブとの連立でやっとの思いで第2次政権を発足させたのが同年末から始まったこの特別国会です。

通常国会の代替の意味に加えて、田中氏との縁切りをうたいながら党の副総裁に田中派重鎮の二階堂進氏を据えるなど、言行不一致ともいえる行動に自民党内の反田中派勢力からも強く牽制される事態となりました。特に田中氏の宿敵で中曽根首相と同じ群馬県を選挙区とする福田赳夫氏などが中曽根降ろしを水面下で画策するなど、弱体政権ゆえの大幅延長でもありました。

③１９４７年の２０４日

１９４７年５月３日に施行された日本国憲法下での最初の国会で、総選挙で第１党となっていた日本社会党の片山哲委員長を民主党、国民協同党が支える三党連立政権です。国会冒頭で片山首相が指名されました。当時はＧＨＱによる占領下で、その色合いが濃い民主化政策の裏づけとなる法律を多数可決成立させました。労働省（現在の厚生労働省の一角）設置や国家公務員法、最高裁判所裁判官国民審査法、失業保険法、児童福祉法の制定など、今日につながる重要な法律ができ上がりました。

10 国会で「証人喚問」をする理由

なぜ「記憶にございません」と答えるのか

KNOWLEDGE OF POLITICS FOR CITIZENS

憲法62条は「両議院は、各々国政に関する調査を行ひ、これに関して、証人の出頭及び証言並びに記録の提出を要求することができる」と定めています。いわゆる**「国政調査権」**です。

衆議院も参議院も国政に関する正確な情報に基づかないで議論するわけにはいきません。そこで**法律や予算を作るための、補助的な権利として国政調査権を使用する能力が与えられている**と解釈されています。

国民の「知る権利」を重視する上で、国政調査権が有効だという考え方もあります。国会議員は主権者である国民に選ばれているのだから間違った政治をしてはいけない。特に国民の重要な関心事や、背信行為の疑いなどがある「疑惑の人」は、裁判中であるとかないとかにかかわらず正さなければならないという発想です。

ただし、すでに裁判中の事件はもとより、捜査中であっても「司法権の独立」との兼ね合いがよく問題となります。特に裁判内容を批判するような調査（「判決が軽すぎる」など）は、「すべて裁判官は、その良心に従ひ独立してその職権を行ひ、この憲法及び法律にのみ拘束される」と定めた憲法76条の規定に違反するという説が有力です。

●証人喚問とは

「証人喚問《かんもん》」も国政調査権の1つで、最も厳密なものです。議院証言法に基づき、各議院で証人として出頭するよう求められたら原則として応じなければいけません。

喚問は、調査の内容とつながりの深い委員会で行われます。当日、証人はまず「良心に従って、真実を述べ、何事もかくさず、又、何事もつけ加えないことを誓う旨が記載」されている宣誓書を読み上げて署名・捺印します。

最初に委員長の、次いで質問者となった議員が質問します。ここまでの段階、すなわち出頭、宣誓、証言を正当な理由がないまま拒否すると、1年以下の禁錮又は10万円以下の罰金という罰が、偽りの証言をすると、3月以上10年以下の懲役の罰が下る可能性があります。もしも、委員長がこうした罰にあたると判断した場合、委員会の3分の2の賛成を得た上で検事総長（検察トップ）に告発します。

「偽証罪は重いので避けたいし証言拒否もしたくない。でも本当のことは……」と**苦悩する証人はしばしば「記憶にございません」と答えています。**

捜査当局からすると証人喚問は痛しかゆしです。なかなか疑惑の証拠が押さえられない事案だと偽証罪で引っ張れるというメリットがある半面で、喚問で捜査が妨害される恐れもあるからです。

また、似た制度では**「参考人招致」**と**「政治倫理審査会」**があります。参考人招致は出頭、証言の義務はなく偽証罪にも問われません。政治倫理審査会は衆参両院に置かれ、委員の過半数または本人の申し出で開かれます。名前の通り国会議員のモラルを問います。

11

国会議員と「お金」

歳費（給料）の他にも、手厚い支給がある

国会議員の身分は特別職の国家公務員です。任期があるので「正社員か非正規か」を無理やり当てはめれば非正規雇用です。国家公務員なので給料は税金から出されます。

国会議員の歳費（基本給に近い）の月額は約１３０万円。期末手当（ボーナスに近い）の約６３５万円を加えると、年収は約２２００万円。当選回数は関係ありません。

他にも文書通信交通滞在費が月額１００万円（年間１２００万円）出ています。「公の性質」を帯びた「文書」「通信」「交通」「滞在」に使うとあるものの、それ以上が明文化されておらずきわめてあいまいです。

そうでなくとも国会議員は①月４回往復分の航空券、②月３回往復分の航空券とＪＲパス、③ＪＲパスのみ、の１つを交通手段として選択できます。ＪＲパスを使えばすべてのＪＲがタダ。①は沖縄県のように選挙区にＪＲがない議員、②は選挙区間の往復に航空機が必要な議員が申請できます。

さらに、法律を作るための研究などに充てる立法事務費が議員1人につき月額65万円が各会派に支給され、また合計すると年間約320億円となる政党交付金が各政党に配布されます（政党交付金を拒否している日本共産党を除く）。これらはただちに議員個人の収入とならないものの、おそらく数百万円はもらっているでしょう。**合計すると年間400万円以上は確実に入ってきているはずです**。

また、都心の一等地に10万円を切る月額家賃で住める議員宿舎（東京23区に自宅がある議員は除外）も用意されています。さらに政策秘書、公設第一・第二秘書の3人を国費で雇えます。3人合わせて年間2000万円から2400万円ぐらい支払われています。公設第一・第二秘書は資格がいらないので、ちゃっかり家族を据えている場合も。こうなると実質的な給与でしょう。

このように見ていくと、「無駄だ。削減だ」という声が起きてきますが、年間約100兆円という一般会計予算の規模と較べると、微々たるものであるともいえます。

12 国会議員の特権

不逮捕特権や免責特権などがある

KNOWLEDGE OF POLITICS FOR CITIZENS

●不逮捕特権とは

議員活動を保障するという目的で、院外での現行犯逮捕を除き、国会議員は国会会期中に逮捕されません。これを**「不逮捕特権」**といいます。どうしても逮捕したければ国会の会期終了を待つか、裁判所が逮捕状許諾請求を内閣に行います。ここで「だめだ」と判断されれば逮捕は不可能。「いい」となったら閣議決定をして議員の所属する院に逮捕許諾決議案を示します。

逮捕許諾決議案は、まず議院運営委員会（議運）での審査となりますが、この際、捜査側は議運に捜査情報を知られるので、それを嫌って許諾請求をしないケースもあります。議運が否決したら請求も却下。委員会での過半数の可決で本会議に上程されて採決し、そこでも過半数の賛成で決議となれば、逮捕が可能となるのです。

国会議員の主な「特権」

- 国会の会期期間中は逮捕されない特権（不逮捕特権）
- 文書通信滞在費（月額100万）
- ＪＲパス、航空券が支給される
- 都心の一等地にある議員宿舎
- 政策秘書、公設第一・第二秘書の給与は国費から出る
- 国会の発言は院外では責任を問われない（免責特権）

法務大臣が検察を指揮する**「指揮権発動」**によって許諾請求ができなくなる場合もあります。

唯一の例が1954年、いわゆる「造船疑獄」を調べていた東京地検特捜部が佐藤栄作自由党幹事長（衆議院議員）を収賄（賄賂をもらった）容疑で強制捜査したいと決め、最高検察庁が許諾請求しようとしたのに対して、犬養健《たける》法務大臣が検事総長（検察トップ）に「重要法案の審議中である」という理由で逮捕の延期と、任意捜査への切り替えを指示しました。

佐藤幹事長を目にかけていた吉田茂首相の意向を受けての判断と思われます。

また会期前に逮捕された議員であっても、所属する議院の釈放要求決議があれば、会期中は釈放しなければなりません。決議には議員20人以上の

連名で、理由を述べた要求書を議長に提出しなければならないと定められていますが、現憲法下では例がありません。

●免責特権とは

不逮捕特権と並んで有名なのが**「免責特権」**で、憲法51条は「両議院の議員は、議院で行つた演説、討論又は表決について、院外で責任を問はれない」とあります。

1985年、竹村泰子衆議院議員が、ある精神病院の院長が女性患者に強姦や強制わいせつをしている様子を生々しく指摘して大臣の見解をただしました。渦中の病院長は「死をもって抗議する」としたためた遺書を残して自殺。妻が竹村議員と国を相手取った国家賠償法による損害賠償を請求しました。

1審の札幌地裁と2審の札幌高裁は免責特権を認めて原告敗訴、最高裁も免責特権そのものには触れないまでも棄却して判決が確定しました。

もっとも憲法は同時に「両議院は、各々その会議その他の手続及び内部の規律に関する規則を定め、又、院内の秩序をみだした議員を懲罰することができる。但し、議員を除名するには、出席議員の三分の二以上の多数による議決を必要とする」（58条）と「院内」の懲罰を定めています。何でもやり放題とはいきません。

では、もし仮に院内で殺人や傷害など、忠臣蔵の「松の廊下」のような事件が起きたらどうなるのでしょうか。この際には、議長が院内の警察権を執り行う国会職員である衛視や、場合によっては警察に拘束させる命令を下せます。その上で、必要と判断すれば警察へ引き渡します。

13 議員への陳情と、選挙対策

選挙に勝つために、議員は地道な活動をしている

KNOWLEDGE OF POLITICS FOR CITIZENS

国会議員に対して、法律を作って願いをかなえてほしいと思ったり、行政へ何か働きかけたりしてほしければ、陳情（相談や要望）ができます。内容の制限はありません。東京で、国会開催中であれば議員会館を訪れて面会証（衆議院）か面会申込書（参議院）に必要事項を書き、「用件」の欄にある「陳情」に丸印を記入をします。議員本人がいなくても秘書や事務所員がだいたい対応してくれます。ただしカネなどを見返りに渡したのがばれたら処罰されます。

地元であれば、地元の事務所に出向きましょう。東京以外で選出された議員は、国会が終るとすぐに地元へ戻り、こうした陳情を聞いたり、後援会や支援者と会合したり、式典に出たりと、とにかく人と触れ合って、来たるべき選挙に備えます。選挙区のある自治体の首長（市町村長など）や、自党の地方議会議員とのコミュニケーションも欠かせません。

お祭りがあれば御輿《みこし》も担ぎます。

このような行為の最大の目的は次の選挙に勝つための日常準備です。当選すると当然、国会がある日は地元へ戻れません。その一方、落選したライバルは毎日のように選挙区を回って、来たるべき日に備えています。選挙区を「票田」といって田んぼにみなす政治用語がありますが、落選候補は日々、当選議員のそれを食い破ろうとやっきになっています。そこで、週末には地元に戻って「田の草取り」、つまり侵食してきたライバルの勢力を、雑草をむしるように排除していくのです。

例えば衆議院の本会議は原則火・木・金曜日の午後が定例日なので、多くの衆議院議員は火曜朝までには東京へと戻ります。俗に**「金帰《きんき》火来《からい》」**と呼ばれる現象です。ちなみに参議院の定例日は月・水・金曜日の午前が原則です。

第4章

総理大臣と行政の仕事

1
総理大臣の仕事
首相が持つ、さまざまな「顔」を見てみる

KNOWLEDGE OF POLITICS FOR CITIZENS

国会の議決で国会議員のなかから選ばれるのが内閣総理大臣（首相）で、首相は自らが任命した国務大臣とともに行政トップの「**内閣**」を組織します。この「国務大臣を任命する」こと自体が首相の大きな仕事です。また国務大臣をクビ（罷免）にする権限もあります。

●首相を支えるスタッフ

首相の仕事場は多岐にわたりますが、根拠地は官邸です。そこにいる内閣官房長官、副長官、首相補佐官らが一体となって官邸に常駐して支えます。一般に「**官邸**」という主語を用いるときは、こうしたスタッフの集合体を指すのです。

内閣には、補助機関であるとともに、首相を直接補佐・支援する「**内閣官房**」が置かれています。内閣官房は、内閣の重要政策の企画立案・総合調整、情報収集など、国政の基

内閣総理大臣を支える人たち

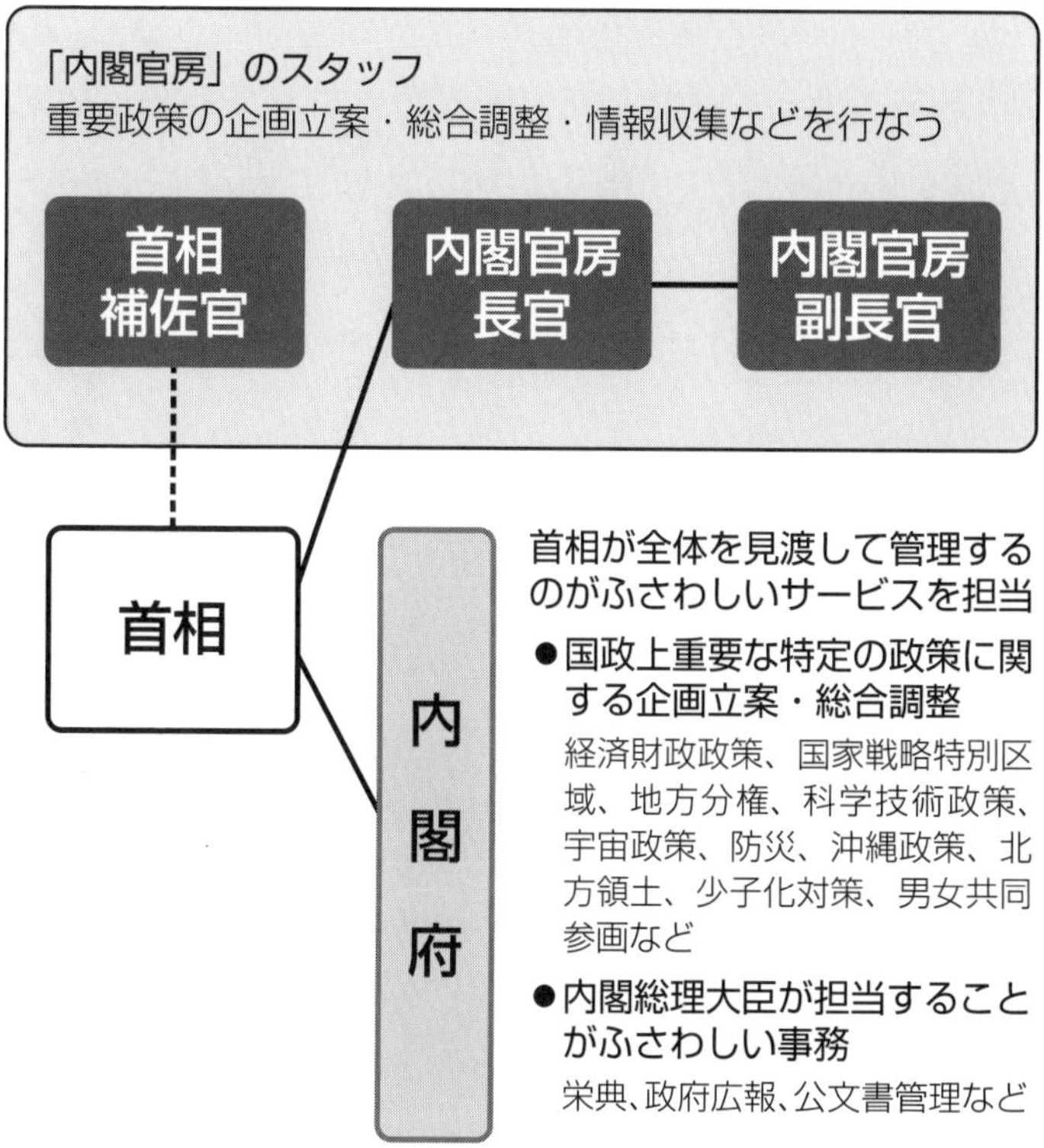

「内閣官房」のスタッフ
重要政策の企画立案・総合調整・情報収集などを行なう
首相補佐官
内閣官房長官
内閣官房副長官
首相
内閣府
首相が全体を見渡して管理するのがふさわしいサービスを担当
●国政上重要な特定の政策に関する企画立案・総合調整
経済財政政策、国家戦略特別区域、地方分権、科学技術政策、宇宙政策、防災、沖縄政策、北方領土、少子化対策、男女共同参画など
●内閣総理大臣が担当することがふさわしい事務
栄典、政府広報、公文書管理など

本方針を扱う大変重い役割を背負っています。トップはいうまでもなく首相で、事務全体をまとめるのが**内閣官房長官**（国務大臣）。その下にいるのが複数の**官房副長官**で、政治家２人（政務）と官僚選出１人（事務）が通例です。

内閣官房長官の仕事は、直属の上司である首相に省庁の要望を吸い上げて伝えたり、首相の考えを省庁や国民に知らせることです。国務大臣の会議（閣議）の進行役を務めたり、平日に毎日定例の記者会見を行って内閣の公式見解などを伝える役目もあります。
したがって、**首相にとって官房長官は最強の知恵者であり味方でなければなりません**。新しく大臣を選ぶ（組閣）ときには、真っ先に官房長官を決めて人事のアドバイスをもらうのが通例です。

閣僚とは、首相が任命する国務大臣を指し、内閣を組織します。「財務大臣」「外務大臣」など、たいていが「大臣」を名乗ります。また、単に「国務大臣」といっても、重要政策を任せるための経済財政政策担当大臣のように、省庁をもたない大臣もいます。

首相補佐官は最大5人置けます。法律上は官房長官の管理下にあります。国務大臣の下にいる国務大臣はあり得ないので、首相補佐官は閣僚ではありません。しかし首相の「ブレーン」の役割を果たすためには首相直属でなくてはならず、「事実上の大臣級」というあいまいな位置づけになります。

アメリカ大統領には「首席補佐官」とか「国家安全保障担当補佐官」といった補佐官がホワイトハウス（大統領府）に常駐しています。最も有名なのがニクソン政権下のキッシンジャー国家安全保障担当大統領補佐官でしょう。冷戦相手の旧ソ連と渡り合い、米中国交正常化の下ごしらえをし、ベトナム戦争を終わりに導きました。

ただしアメリカ型の大統領制と日本の議院内閣制は大きく異なる点もあって、そこが日本の首相補佐官の位置をさらに難しくしています。行政府と立法府の相互乗り入れが原則の日本で、官邸が国会や省庁の閣僚の意向を顧みずに行動し、その主な役割を首相補佐官が務めるとなると、「日本は大統領制ではない」「議会制民主主義や議院内閣制を踏みにじる」といった批判が出てくることもあり得ます。

首相を補佐するもう1つの機関が**内閣府**です。トップは首相。各省の連携や、首相が全体を見渡して管理するのがふさわしいと思われる行政サービスを担当します。そのなかでは、例えば金融庁のように「長官」の上に特命担当大臣（国務大臣）が置かれるケースも存在します。経済財政諮問会議は、首相（議長）と官房長官らで構成される会議ですが、やはり特命担当大臣（経済財政政策担当大臣）が充てられます。

こうした補佐機関の力を借りて、首相は自ら行いたい政策を磨き、閣議で提案し、閣法として国会へと提出します。よく**「官邸主導」**といわれる姿です。

●首相のさまざまな姿

外交も外務大臣に任せきりとはいきません。近年は主要国首脳会議（G7）やアジア太平洋経済協力会議（APEC）、東アジアサミット（EAS）など、多国間の首脳（トップ）会議が多くあり、日米や日中といった2国間協議でも首脳同士がコミュニケーションをする重要性が高まっています。

政治や経済の混乱が世界のどこかで起きた際には、関係国首脳との電話会談もしばしば行われます。また、各国の首脳以外でも、外国の要人から表敬訪問というあいさつを求められることはしょっちゅうですし、訪問は日本人からもあります。

また首相は、安全保障や外交の危機にさらされた際に即刻対応したり、長期の戦略を描く組織である「国家安全保障会議」の議長も務めています。

このように首相はさまざまな「顔」を持ちながら、それぞれの仕事をこなしていっているのです。

2 総理大臣の権限

衆議院の解散、大臣の任命など、強力な力を持っている

KNOWLEDGE OF POLITICS FOR CITIZENS

首相最大の権限は、衆議院の解散権でしょう（58ページ）。また、いざ選挙ともなればほしいのが党の公認。首相は与党第1党から選ばれるのが通例ですから、その党の公認候補になれば当選にぐっと近づきます。これは解散のない参議院でも同じです。誰を公認するかという最終的な権限は、ほとんどの場合、党のトップも兼任している首相にあります。また、党に入ってくる政党交付金（30ページ）を分配する最終決定権もあります。

国務大臣の任命、罷免の権限もあります。支持率低下など内閣が弱体化してきた際などに内閣の「改造」を行う場合がよくあります。例えば、スキャンダルの噂のある「疑惑の大臣」を、罷免ではなく交代で穏便に退いてもらい、清新な人材を登用して風向きを変えるわけです。官邸が改造をほのめかすと現政権への不満分子が「要職につけるかもしれない」とおとなしくなるという効果も期待できる半面、選ばれなかったらますます不満をた

内閣総理大臣の仕事

首相のさまざまな「顔」

- 内閣官房・内閣府の長
- 国会や委員会での説明
- 外国の首脳とのコミュニケーション
- 国家安全保障会議の議長

首相の権限

- 衆議院の解散権
- 党首として党員の公認権
- 国務大臣の任命・罷免
- 最高裁判所長官の指名、裁判官の任命
- 国務大臣の訴追（起訴）には首相の同意が必要
- 条約の締結
- 自衛隊の最高指揮監督権者

め込むというデメリットもあり、難しいさじ加減が求められます。

国会を召集し、予算や閣法を審議にかけられるのも首相の権限です。また、司法に対する権限としては、最高裁判所長官の指名と裁判官の任命権が指摘できましょう。

国務大臣の訴追も首相の同意がなければできません。この規定は民間出身の国務大臣も含み、かつ閉会中も効力を発揮します。

ただ「訴追」に逮捕を含む

のかどうかについては議論があります。

1948年、昭和電工事件という大がかりな贈収賄事件が発生し、現職の栗栖《くるす》赳夫経済安定本部総務長官（国務大臣）が首相の同意なしに逮捕されました。裁判所が「訴追」に逮捕は含まないと判断したからです。この出来事から「訴追」とは「起訴」（裁判にかける）を意味する、という解釈が有力です。

条約の締結も、国会の承認が必要という「待った」はあるものの、首相の権限といえます。首相自身でなくとも、担当大臣や外務大臣に首相が命じてやらせればいいのです。

自衛隊の最高指揮監督権者というのも強大な権限です。防衛大臣は事務のまとめ役で、自衛隊の出動命令権は基本的に首相にあります。

3

大統領と総理大臣の違い

アメリカと日本の体制の特徴が見えてくる

大統領といっても、国によってその権限はさまざまです。ここでは、アメリカを例にとって、強大な行政権を持つ「大統領制」の大統領と日本の首相との違いを見てみます。

アメリカの大統領は、議会（上院と下院）とまったく別の選挙で国民から選ばれます。就任に議会の承認は不要です。対立しても退陣する必要はありません。反対に議会の解散権を持ちません。日本では大半である内閣提出法案（閣法）のようなものは一切出せず、法案の提出は議会の専権事項です。日本の国務大臣のように議会の議員が行政の重要な職に就くのもダメ。大統領の法案拒否権を除けば、立法府と行政府は完全に独立しています。

対する日本の議院内閣制では、首相は衆議院（立法府）の首相指名選挙で選ばれ、閣僚の過半数は国会議員と定められています。半面で内閣（行政府）が国会に法案を提出することも当然のように行われています。いわば立法と行政が相互に乗り入れているわけです。

大統領は名目的なケースも含めて国家元首ですが、首相はそうではありません。日本の場合、憲法に元首の定めはないものの、天皇が象徴として位置づけられています。ただし外交においては、大統領と首相に格差はありません。実質的権限を持つ者であれば名称の差はないのです。

アメリカ大統領は「1期4年・2期まで」という縛り（任期）があるのに対して、日本の首相にはありません。憲法では69条で衆議院の内閣不信任決議が可決したら解散か総辞職を選ばなければならないとし、また70条では総選挙の後の国会召集でも総辞職しなければならないとしています。しかしどちらの場合も再び首相となることは可能で、「それで終わり」とはならないのです。69条の場合は解散を選べばいいだけです。70条のケースでも、在任中の首相が率いる与党が勝利すれば、総辞職後の首相指名選挙で再び選ばれるでしょう。何しろ勝利の立役者ですから。そうなると「第2次○○政権」「第3次○○政権」と内閣の呼び方が変わります。

アメリカ大統領選は、同時に上院の3分の1と下院のすべてが選ばれます。しかし、その結果、議会の多数派と大統領候補の政党が異なっても、大統領は関係なく就任できます。任期の真ん中にある中間選挙も同じく、上院の3分の1と下院のすべてで争われます。しばしば野党が勝利しますが、それで大統領の地位が失われはしません。

4 府省庁の役割

国務大臣がトップを務める行政機関

KNOWLEDGE OF POLITICS FOR CITIZENS

国家行政組織法という法律で「国の行政機関」と定められ、国務大臣がトップを務めるのが**「省」**で、それぞれ与えられた役目を担います。加えて内閣府設置法という法律で作られたのが内閣府（133ページ）で、合わせて**「府省」**とも呼ばれます。

「省」は総務省、法務省、外務省、財務省、文部科学省、厚生労働省、農林水産省、経済産業省、国土交通省、環境省、防衛省で11あります。トップはすべて首相が任命する国務大臣です。

加えて内閣府にあり、警察庁を管理する国家公安委員会、東日本大震災の「復興の司令塔」である復興庁も通常カウントします（1府11省2庁）。これらのトップにも、必ず国務大臣を充てなければなりません。

復興庁以外の**「庁」**というのは府省の外局です。その省の仕事ながら専門性が高いなどという理由で作られています。総務省の消防庁や国土交通省の気象庁などが有名です。ト

日本の府省庁

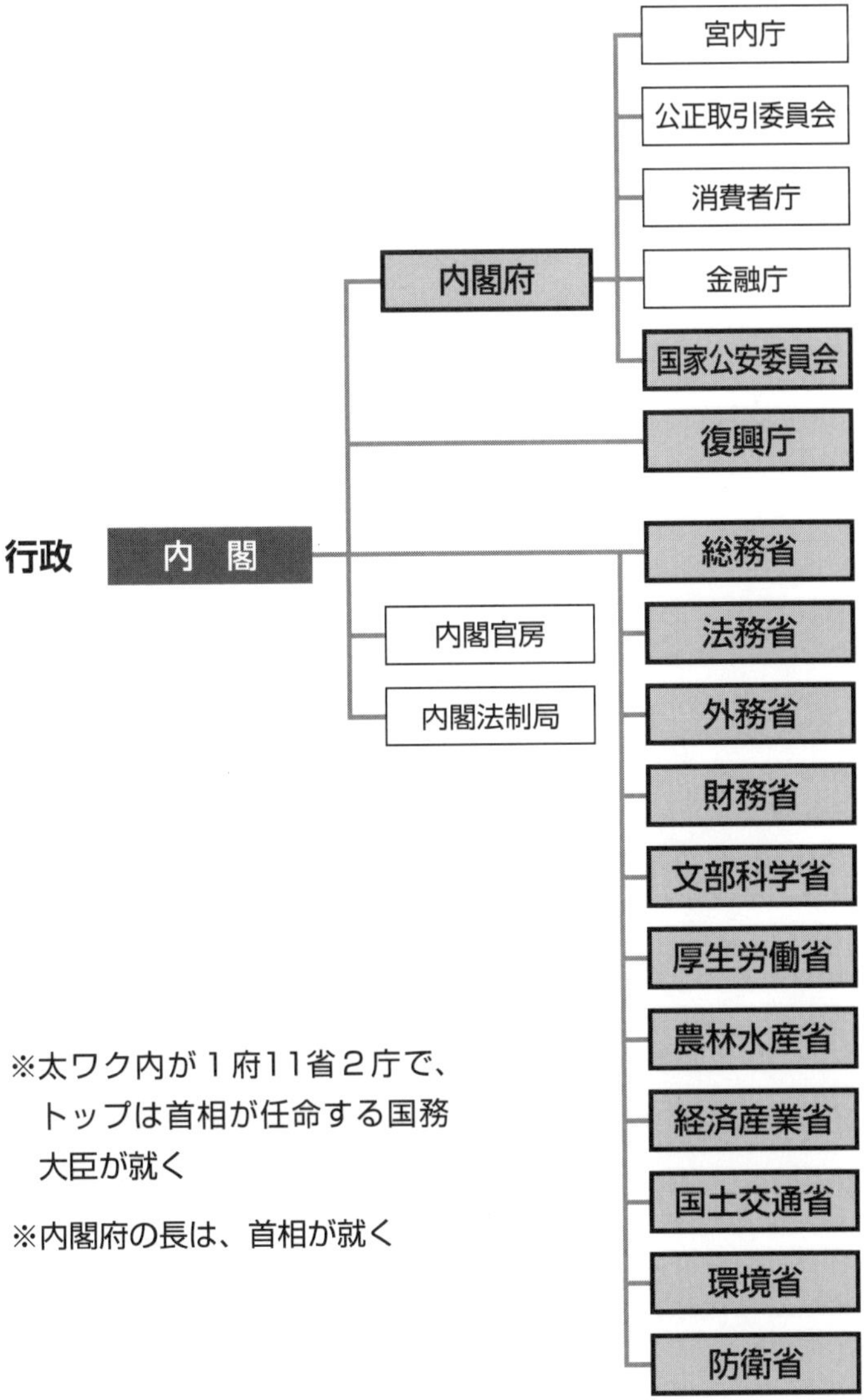

※太ワク内が１府11省２庁で、
トップは首相が任命する国務大臣が就く

※内閣府の長は、首相が就く

ップは「長官」で官僚が就くのが通例ですが、民間人を登用しても構いません。内閣府にも消費者庁や金融庁などが存在します。トップを「長官」と呼ぶあたりは、他の省と変わりません。なお、名前こそ「長官」でも内閣官房長官だけは別格（131ページ）です。

府省の役割はおのおのの設置法で定められています。例えば外務省ならば「平和で安全な国際社会の維持に寄与するとともに主体的かつ積極的な取組を通じて良好な国際環境の整備を図ること並びに調和ある対外関係を維持し発展させつつ、国際社会における日本国及び日本国民の利益の増進を図ることを任務とする」といったように。

それぞれの役割を果たすために雇っているのが**国家公務員**です。国家公務員には、原則として人事院という行政機関が行う試験に合格しなければなることはできません。

「省」によっては、地方に「出先機関」と呼ばれる「支店」を多く抱えています。例えば、国土交通省は1級河川という重要な川を管理するために、地方整備局を設けています。この際、例えば河川の堤防の補修を、上流側は地方自治体が行う一方、下流側は国土交通省の出先機関が行うといったように、仕事内容が国と地方で重なって、「二重行政」とか「税の無駄遣い」と批判されることもあります。

5 「法律」と「政令」の関係

法律の具体的な内容は「政令」で定められることも

KNOWLEDGE OF POLITICS FOR CITIZENS

法律は、憲法を除いてすべて国会で決めます。**「政令」**とは法律の規定を実施するために内閣が制定したルールです。具体的な手続きを示したり、場合によっては罰則も設けられます。

例えば消防法には、「政令で定める大規模な小売店舗」とあり、小売店舗の「大規模」の度合いを政令に委ねています。そのため消防法施行令（政令）では、「延べ面積が千平方メートル以上の小売店舗で百貨店以外のものとする」と大規模な小売店舗を定めています。

また、法律が「一定の理由」とか「3年を下らない政令で定める期間」といった表現で政令に委ねるケースもあります。なお、政令で罰則を設けるには「法律による個別具体的な委任が必要」です。したがって、政令への白紙委任（丸投げ）のような法律は立法過程で問題視されて時に修正されます。

法律と政令、施行規則

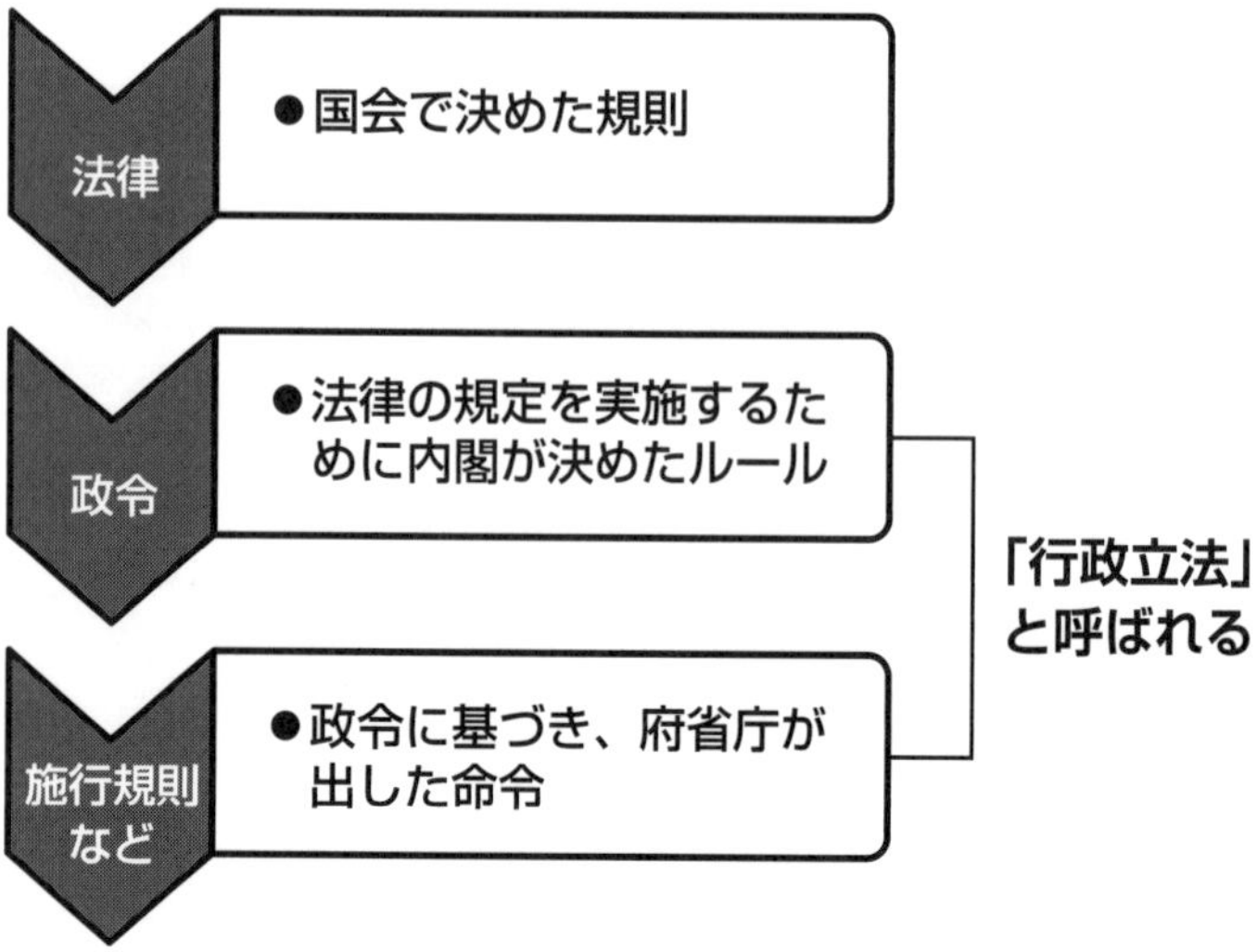
法律
●国会で決めた規則
政令
●法律の規定を実施するために内閣が決めたルール
施行規則など
●政令に基づき、府省庁が出した命令
「行政立法」と呼ばれる

さらに「施行規則」のような、府省庁が出した命令もあります。位置づけは政令の下です。つまり法律の下に政令が、その下に施行規則などがあるかたちとなります。立場を逆転させてはいけません。

政令や施行規則などのように、行政が定めるルールを**「行政立法」**と呼びます。

1つの国会で作る法律は、かなりの分量になるため、細かいところまで書き込んでいたら大変なことになります。

そこで、こうした制度を用いて、実施する行政に具体化を依頼しているわけです。

ただし国民の権利や義務に影響を与えるような場合は、特に慎重な検討が求められます。

6 官僚ってどういう存在？

出世が速く、課長クラスまでは事実上保証されている

KNOWLEDGE OF POLITICS FOR CITIZENS

「官僚」（キャリアともいう）という言葉に明確な法的地位はありません。また使い方によってばらつきもありますが、ここでは一般的にそう呼ばれる人々のありようを述べます。

官僚とは、国家公務員試験で最も難しい試験を突破して、各府省の面接にも勝ち抜かないとスタートが切れません。１９８４年度までが国家公務員上級（甲種）試験、85年度から２０１１年度まで国家公務員Ｉ種試験、12年からは国家公務員総合職試験（院卒者・大卒程度）と名称が変わっています。毎年全部で約６００人が採用されています。

このような形で採用された人の出世は早く、本省の課長クラスあたりまでの出世は、つつがない公務員生活を送りさえすれば事実上保証されています。

階級がハッキリしている警察を例に取るとわかりやすいでしょう。22歳で総合職採用されると、スタート時点で警部補です。よくテレビドラマで見かける警視庁捜査一課の刑事

警察官の序列

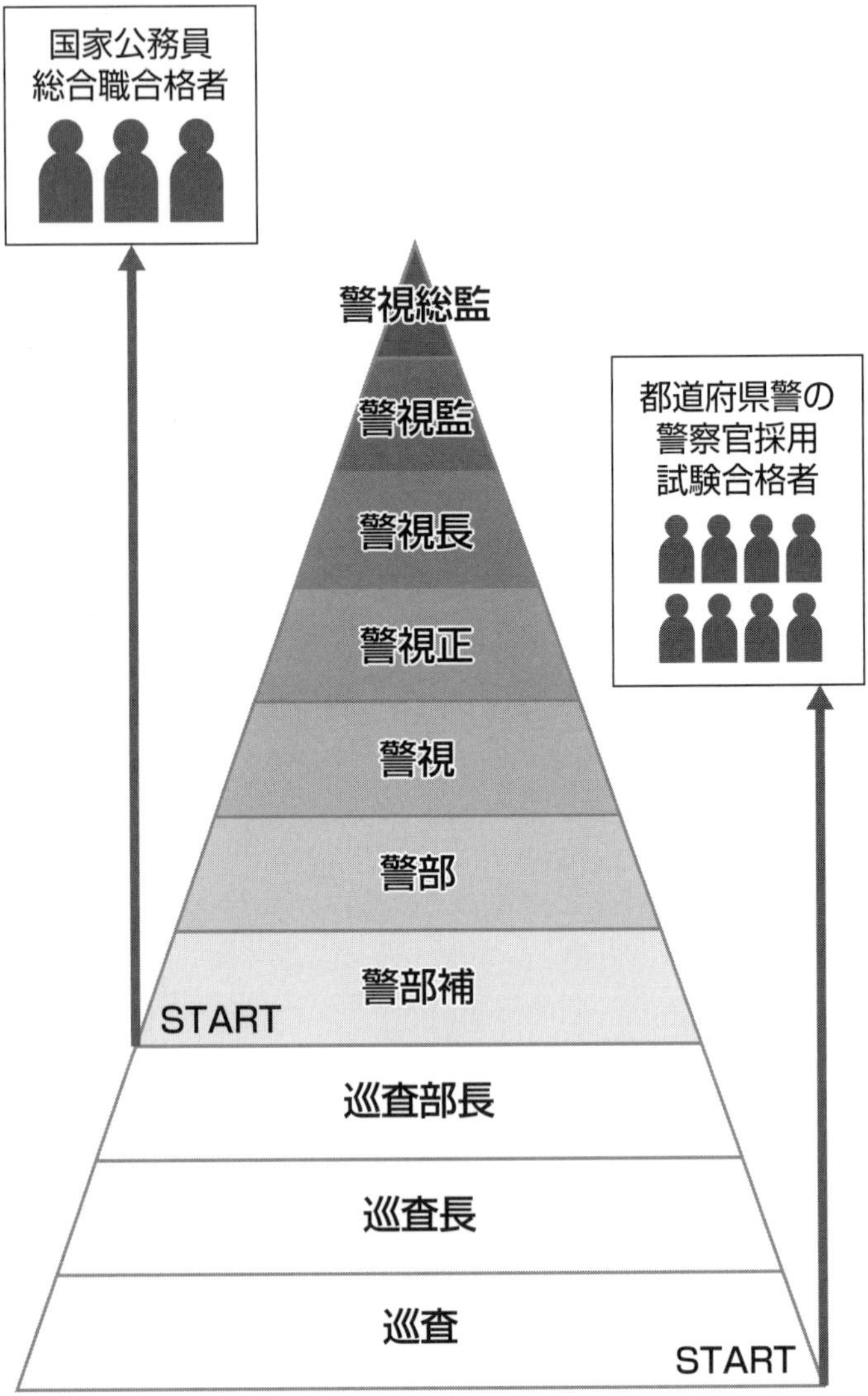
国家公務員
総合職合格者
警視総監
警視監
警視長
警視正
警視
警部
警部補
START
巡査部長
巡査長
巡査
START
都道府県警の
警察官採用
試験合格者

さんは、大抵ワンランク下の巡査部長クラス。人気漫画『こちら葛飾区亀有公園前派出所』で主人公をいつも叱っている大原部長も巡査部長で、いきなりその上に立つのです。

所定の研修を終えたら1年で警部へ。さらに約2年（25歳程度）で警視です。そのまま30代には警視正、40代で警視監と出世していくのです。時折、地方で発生した事件で異様に若い人物が責任者として記者会見している場面がテレビに映ります。おそらくキャリアでしょう。

一方、都道府県警が行う警察官採用試験で合格したら、スタートは最下位の巡査から。巡査長は無試験でも巡査部長からは試験があります。次は警部補ですが、現場を預かって不眠不休の活動をしている刑事は勉強する時間などなく、気がついたら40代でも巡査部長のままだったというケースが珍しくありません。

まして警部、警視など夢のまた夢で、大規模な警察署の署長が務められる警視正までたどり着くのは同期に1人いるかどうかの超難関なのです。

7

官僚とポスト

トップの事務次官になれるのは同期でたった1人

KNOWLEDGE OF POLITICS FOR CITIZENS

本省の課長クラス以上になると、いよいよ周囲からも「官僚」と呼ばれます。最大の仕事である予算案の策定や閣法の企画立案の他、府省に与えられているさまざまな権限の行使ができます。

「許認可権」（例えば電力事業を起こしたければ、経済産業省の許可が必要です）がその代表的な力でしょう。また、通達や通知という形で「指揮監督権」も振るえます。

課長といっても花形部署の課長かどうか。あるいはワンランク上の局長になれるのか。ここからは一挙に狭き門と化します。**出世は入省年次が重視され、官僚人生の最後までつきまといます。**同期での序列は、試験の成績で入省前からすでに何となく決まっていますが、「せーの！」で一斉昇格している間に頭角を現したり、反対に転落したりすると順位が逆転します。だいたい40歳ぐらいで同期のなかで差が出てきます。

各省庁の「大臣官房」と呼ばれる局の課長職への就任がエリートコースの幕開きである

官公庁のポストの一例

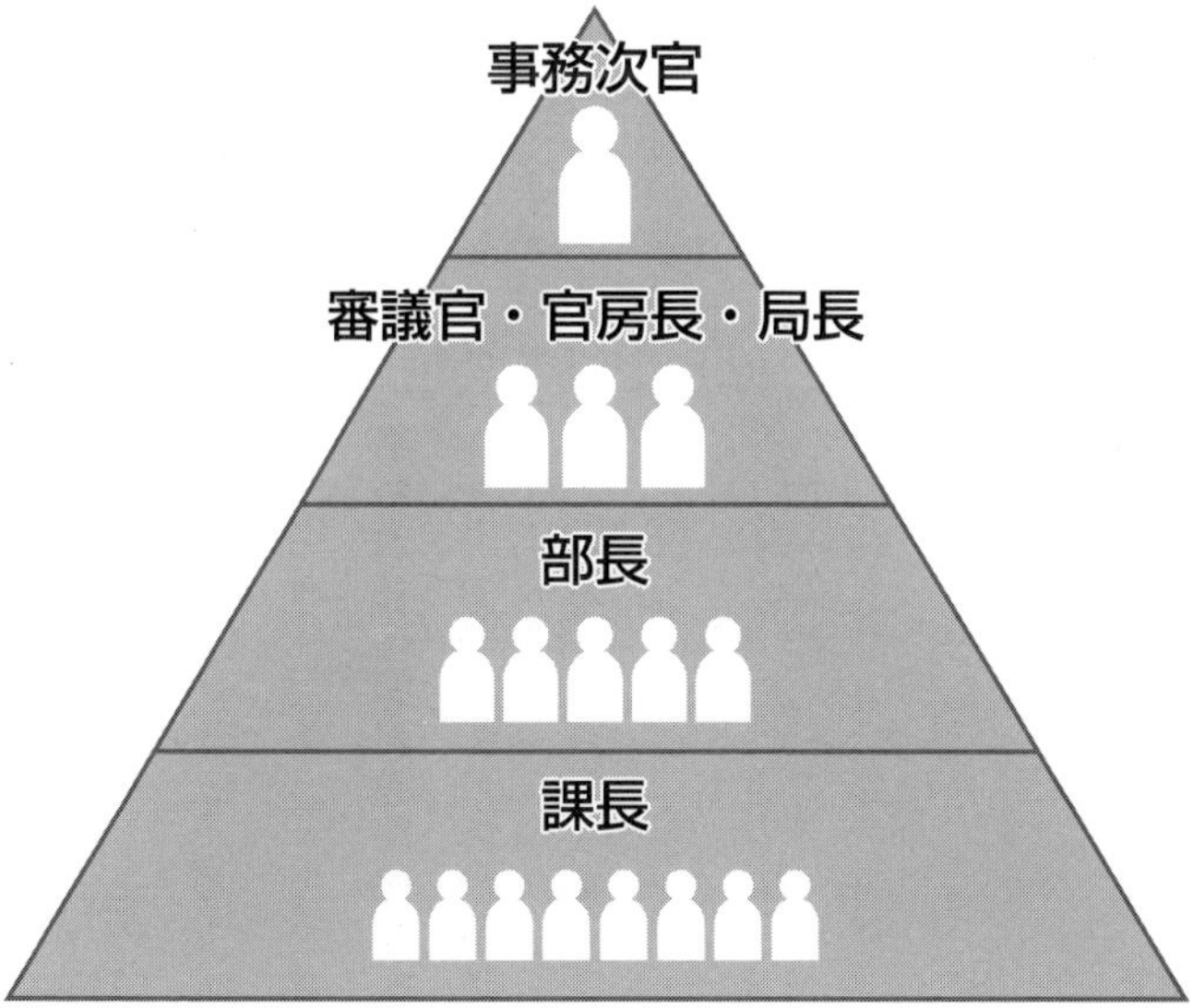

省が目立ちます。大臣官房とは一般の企業では総務部とか社長室とか呼ばれる地位を占め、他の局より格上とされています。またその他にも、省庁ごとに「花形」とされる部署があります。

局長クラスとなると数がぐっと減ってきます。同期でも多くは昇進がかないません。企業では「万年課長」も当たり前に存在しますが、官僚だと後輩の年次にポストを譲っていかなくてはならないためそうもいかず、多くが**天下り**（民間企業や独立行政法人などに再就職すること）をしていきます。

さらに上の官房長や「次官待ちポスト」と呼ばれる審議官ともなると席が本当に少なくなっていきます。**事務次官**になれるのは多くの場合、同期から1人。他のほとんどは天下って所管の独立行政法人などに去っていきます。「私はずっといたい！」と願えば定年までいられるものの、肩身がせまいので選択する人は多くありません。

外局（140ページ）がある場合には、その長官が事務次官に次ぐ地位となります。多くの場合、事務次官になれそうにない同期ナンバーツーの「上がり」ポストとみなされています。したがって**事務次官は同期の最優秀1人だけが1年程度就任できるポストなのです。キャリア・ノンキャリアを含めた専門家集団である国家公務員の総束ね役です。**有能であるのが絶対条件であるのはいうまでもありません。加えてキャリアの過程でミスを犯さないのが大切です。

なお各「省」のワンツースリーは、大臣・副大臣・政務官です。これらのポストは、ほぼ選挙で選ばれた政治家で、事務次官は形式的にはこの3者を補佐し、助言する立場です。ただし、次官はプロフェッショナル集団の意見をまとめて企画立案する頂点でもあるので、その威信は大臣以上とも目されています。閣法の全体像から各所に至る文言の配置、整合性などのほとんどを官僚が行うため、その最上位にいる事務次官は法案を通した政策に最後の判断をする役割もあります。

8

変わっていく官公庁の姿

再編された省庁では、たすき掛け人事も

現在の中央府省の体制は、2001年に行われた再編の結果です。それまでの1府22省庁から1府10省2庁へと変わりました。2007年に防衛庁が省に昇格し、東日本大震災の復興を目的として2012年に復興庁ができてからは1府11省2庁となっています。

再編は多くが合併でした。建設省、運輸省、国土庁、北海道開発庁が国土交通省に、厚生省と労働省が厚生労働省へと変わったなどです。したがって、現在の事務次官（多くが50代後半）が官僚人生を始めたのは旧省庁時代でした。その名残がいまだに残っています。

例えば、人気アイドルグループ「嵐」のメンバー、櫻井翔さんのお父さんが2015年に総務省の事務次官へ就任したのが話題となりました。櫻井事務次官の場合、1977年に旧郵政省に入りました。同省は再編で自治省と総務庁と合併して総務省と改まります。

したがってトップ級の人事は勢力の大きい旧郵政省と旧自治省の「たすき掛け」（規則

KNOWLEDGE OF POLITICS FOR CITIZENS

的に交替でポストにつくこと）が慣行となっています。合併してできた他の省もだいたい同じ方法を採っています。

事務次官は、「次の次」「次の次の次」あたりまでだいたい決まっています。ただ年次によって優秀者が多かったり、逆に不出来だったりすると、同期から2人就任したり、ゼロになったりもします。

櫻井氏は審議官までは文句なしで駆け上がりました。旧郵政省が持つ郵便、通信（電話など）、放送（テレビ局の放送免許など）の権限を背景に出世していったのです。

ところが波乱が起きます。2013年に退官した旧郵政出身の事務次官の後に、誰もがなると予測していた旧自治出身の審議官（1976年入省）にまさかの「待った」がかかりました。代わりに、同期で外局の消防庁長官になっていた人物、つまり次官レースに敗れてナンバーツーの上がりポストに回っていた人が事務次官になったのです。

審議官は入れ替わるように消防庁長官となり、それはそれで上がりとみなされていたところ、「それでは気の毒だ」というコールに押されて2014年に事務次官へ就任しました。つまり旧自治省76年入省組から2代続けて事務次官が出て、審議官に待機していた77年旧郵政省入省の櫻井氏があおりを食った形となりました。

黙っていられないのが旧郵政省組で、「自治省が同期で2人事務次官を出したのならば、櫻井氏の審議官の任期も2年とする」と待ちポストで留任させ、ようやく2015年に事務次官就任の運びとなりました。これは従来のように「優秀でミスがない」ならば太陽が東から昇るように人事が動くという慣例を破る出来事でした。このような、旧省庁間でのたすき掛け人事についての問題がなくなるには、再編前の入省者がいなくなり、再編後の「ネイティブ」だけになってからでしょう。まだ相当かかりそうです。

●政治主導の官僚人事となるか?

政治家が、これまで不文律とされてきた官僚トップ人事にまで触手を伸ばしてきたのも近年の変化です。

首相を主とする「官邸」が人事にかかわるのは、2012年に成立した第2次安倍晋三内閣の姿勢に鮮明です。例えば厚生労働省事務次官も13年、「この人で決まり」と待っていた審議官ではなく、官邸主導で別の女性が就任しました。

さらに2014年からは局長クラス以上の人事を一元化して行う**内閣人事局**が発足しました。人事局の局長は内閣官房副長官なので、官邸、とりわけ官僚の総元締めである内閣官房長官の考えが反映された「まさか」が、今後も起こる可能性があります。

第5章

司法機能の重要性

1

実は生活に身近な「裁判」

身近なトラブルを、裁判所が解決してくれることも

裁判といえば真っ先に思い浮かぶのが犯罪の「罪と罰」を問う**刑事裁判**。大半の国民は善良で無関係なので「あまり関係ない」ととらえがちです。しかし裁判には民事もあり、我々の生活と密着しているのです。

民事裁判を簡単に言ってしまうと「もめごと解決」。それこそ知り合い同士でいさかいになったら、小さなものでも裁判所が白黒つけてくれます。言い争いが募って暴力沙汰になるぐらいであれば、「次は法廷で会おう」と言い放って訴状を書きましょう。相手が応じてこなければ、欠席裁判で100％自分の言い分が通るはずです。

裁判官によっては**「和解」**を勧めてきます。プロの法律家が「こうしたらどうか」という案を用意してくれます。原告（訴えた側）、被告（訴えられた側）の双方にメリットとデメリットがあるような内容です。判決だと、どうしても勝った負けたが出てくるので、和解のほうが円満な解決につながることも多いようです。双方が合意して手続きが完了し

KNOWLEDGE OF POLITICS FOR CITIZENS

刑事裁判と民事裁判

刑事裁判	・犯罪の「罪と罰」を問う ・刑が確定すれば、懲役や罰金などの判決が出る
民事裁判	・人や企業などのトラブルの解決 ・判決で慰謝料の金額などが決まる。判決が出る前に裁判官が「和解」を勧めてくることもある

たら確定判決と同じ効力を持ちます。

また、**少額訴訟**という方法もあります。

裁判所のＷＥＢサイト（http://www.courts.go.jp/saiban/wadai/1902/）にある例だと、

ある日、交差点で一時停止を怠った車と接触事故を起こしてしまいました。お互いケガはなかったけど、私の車のドアなどが壊れたので，相手方に修理代を請求したのですが、話し合いで解決できません。かなり長い間話し合いを続けてきたので、早く解決したいのですが…。

といったケースが挙げられています。

簡易裁判所では、60万円以下の金銭の支払いを求められます。裁判に訴えるというと訴状を作るのが大変ですが、少額訴訟は「貸金請求（貸した金を返してほしい）」「売買代金請求（代金を支払ってほしい）」「給与支払い請求（未払いの給料を払ってほしい）」「敷金返還請求（敷金を返してほしい）」「その他」と分類して、訴状の書式から記載例まで、簡単に裁判所のWEBサイトからダウンロードできます。簡易裁判所に行けば、裁判官や職員が書式も含めてやり方をていねいに教えてくれます。弁護士や司法書士に頼む費用もいりません。

訴えられた側も、答弁書の書式と記載例が同じようにダウンロード可能です。法廷の審理は1日。早ければ30分ほどで終わり、その日のうちに判決（または和解）が下ります。交通費を除いて1万円程度の出費でここまでやってくれるのです。

2

裁判所の種類

決定に不服があれば、控訴・上告ができる

KNOWLEDGE OF POLITICS FOR CITIZENS

憲法では、**「最高裁判所」**と**「下級裁判所」**という言葉を用いています。下級裁判所は最高裁判所以外のすべてです。

通常、初めの裁判（1審）になるのが**地方裁判所**で、刑事の場合は検察か被告弁護人、民事の場合は原告か被告のどちらかが判決について不服があったら**控訴**できます。地方裁判所の次は、全国8カ所にある**高等裁判所**です。そこでの裁きになお不服があれば、最高裁へと**上告**できます。このように3回の裁判ができる制度を**「三審制」**といいます。

比較的安い金額に関する争いの民事裁判や、罰金刑以下の刑事裁判を担うのが、先述した**簡易裁判所**です。また、婚姻、遺産相続、遺言、親子関係などの「家事事件」や少年法に基づく20歳未満の非行少年を取り扱うのが**家庭裁判所**です。２００２年には、特許や商標といった知的財産に関する事件を専門的に取り扱う**知的財産高等裁判所**も作られました。

●控訴・上告をするには

刑事事件の控訴は、刑事訴訟法で制約があります。「事実の誤認があってその誤認が判決に影響を及ぼすことが明らかであること」がその1つ。

最高裁となると刑事事件では、判例違反および憲法違反が上告理由（刑事訴訟法405条）です。他にも判決に影響を及ぼした誤認や法令違反があったとか、罰が重すぎるといった理由でも高裁判決を覆せる可能性があるので、上告する際はだいたいそれもくっつけます。

でもたいていは棄却されます。**「棄却」**とは内容を検討した上で裁判を開く必要がないとの判断で、イコール高裁判決支持です。したがって、取材する側である報道各社が色めき立つのは「弁論（公判期日）を開く」と最高裁が発表した際です。棄却するつもりであれば弁論を開かないはずで、何らかの変更があり得るとのサインとなります。ただし死刑判決だけは弁論を開くのが普通なので、開かれたとしても覆らないことがたびたびです。

民事裁判の場合も、1審の判決に不服があれば控訴できます。ただ刑事裁判では簡易裁判所が1審であっても控訴審は高裁と定められているのに対して、民事裁判では控訴審が地裁、上告審が高裁となります。地裁が1審であれば上告審は最高裁です。

もっとも上告を受理してもらうのは狭き門です。

受理される理由は主に2つ。1つは、それまでの裁判の判決に憲法違反があると疑われる場合です。

もう1つは「上告受理の申立て」です。判決に判例違反や「法令の解釈に関する重要な事項を含むものと認められる事件」であると申し立てて、最高裁が「そうかもしれない」と興味を持ってくれた場合に限って受理されるしくみです。

●最高裁判所

最高裁は、裁判官5人による**小法廷**と15人全員の裁判官が勢ぞろいする**大法廷**に分かれます。

大法廷は年に2〜3回しか開かれません。主として憲法に照らして違反か否かの判断や、判例の変更など重要事項について判断します。小法廷から大法廷に回付（回すこと）されると、過去の判例を見直す可能性がぐっと高まるので、弁論と並んで報道陣が色めき立つ瞬間です。

3 刑事裁判に至るまで

「警察」と「検察」の役割とは

事件が発生して捜査するのは第1次捜査権がある警察の仕事です。 刑事訴訟法（刑訴法）189条には「司法警察職員は、犯罪があると思料するときは、犯人及び証拠を捜査するものとする」とあります。「司法警察職員」の主力は警察官なので「捜査は警察の仕事」で原則として正しいです（難しい表現でいうと「警察は第1次捜査担当者である」となります）。被疑者を片端から当たり（被疑者とは警察が少しでも疑った者。大半は犯人ではない）犯人と特定した人物が逃亡や証拠隠滅の恐れがあると判断すれば**逮捕（身柄拘束）**します。逮捕後48時間以内に必要と判断したら、検察庁へ身柄を移します。そうでなければ釈放ですが、書類のみ検察に送られるケースもあります。

逃亡等の恐れなしでも「裁判にかけるだけの疑いがある」者であれば、家などから出頭してもらって取り調べます。その結果、検察が「やはり裁判にかけるべきだ」と判断したら、在宅のまま起訴されます。

KNOWLEDGE OF POLITICS FOR CITIZENS

刑事裁判に至るまで

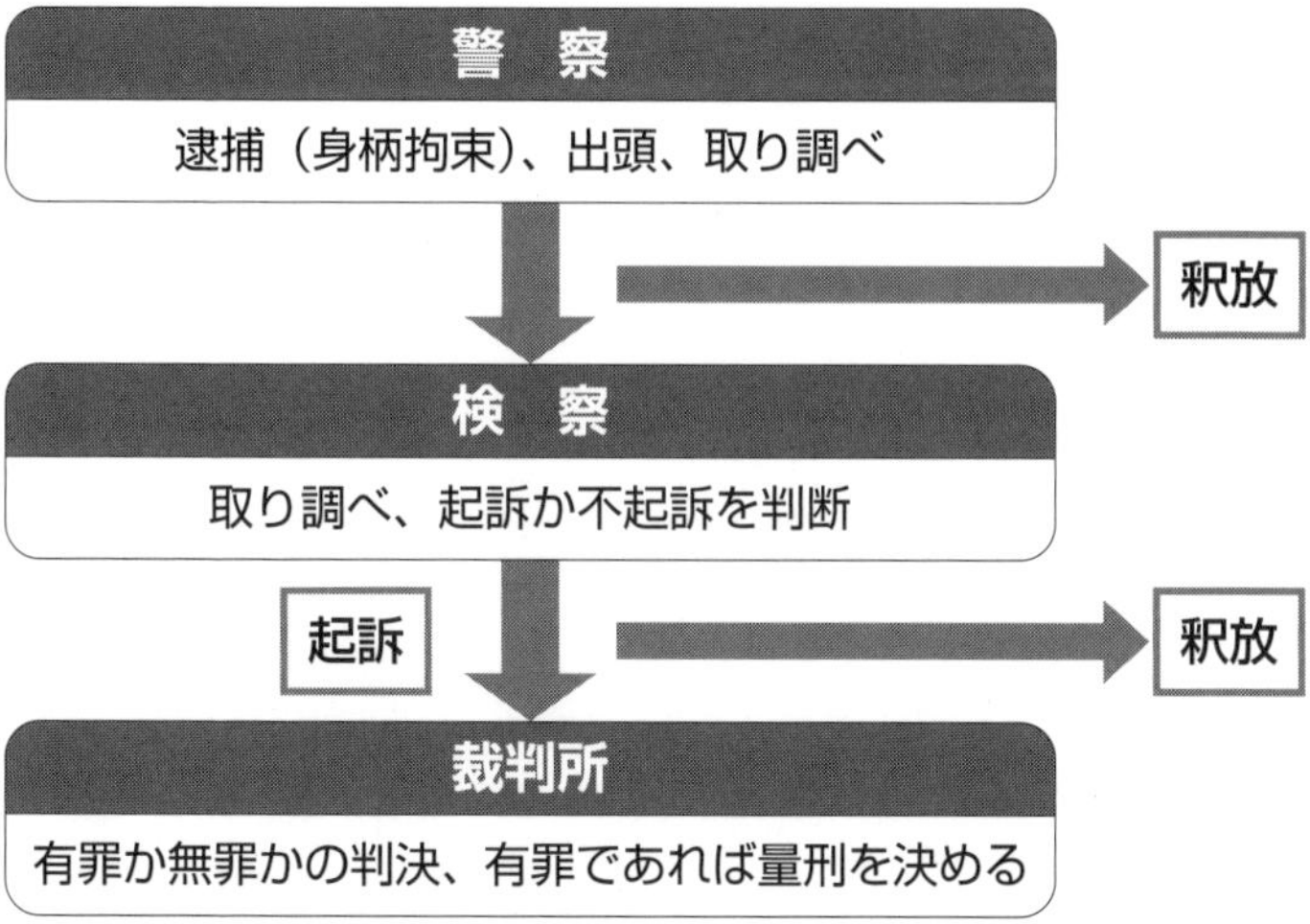

●検察での取り調べ

検察庁へ移されたら、**検察**の取り調べが10日間行われ、必要があればさらに10日延長できます。その結果、「起訴すべきだ」との判断が出れば裁判にかけます。でなければ不起訴として釈放します。

日本の刑事裁判の有罪率は99％以上。ゆえに**検察の「起訴」か「不起訴」かの判断はまさに運命の分かれ道となります。**この間、容疑者（マスコミ用語で罪を犯したと疑われる者。法的には被疑者と同じ）は基本的に外部と接触できません。

今の制度を評価する側は、「検察官がじっくり容疑者と人間関係を築き、精密に調書を作成できる」「何もかも起訴するわけではなく、警察から送られてきても嫌疑がなかったり不十分であれば起訴しないし、嫌疑があったとしても情状の余地などがあったら起訴猶予にする」「検察が有罪の自信がある案件だけを裁判にかけているから有罪率の高さは当然だ」と主張します。

それに対して現行制度に反対する側は、「警察・検察の取り調べは『密室』であり、自白を強要されてもわからない」「『認めれば裁判で有利になるよ』などと暗に誘われたら、ぬれぎぬでも自供しかねない。イギリスやフランスのように取り調べの全過程を録音・録画する可視（見える）化を法で義務付けよ」などと訴えます。

取り調べの可視化は、国連規約人権委員会も日本に勧告しましたが、「供述が引き出しにくくなり、本来求められている真相究明に滞りが出る」「法制化したら捜査員や検察官が萎縮する」といった、慎重な意見もあります。

検察の取り調べ段階で否認すると、起訴後も保釈（拘束を解く）されない**「未決勾留」**も問題視されています。刑事訴訟法は起訴後の保釈請求を原則として「許さなければならない」としています。しかし実態は、起訴内容を否認したり黙秘するとたいてい認められません。重罪の容疑は認めてもダメです。

結局、勾留されたままになって事実上「懲役スタート」のようになってしまいます。これに反対する側は「原則と例外の逆転だ」といい、認める側は「逃亡や証拠隠滅の恐れがあるから仕方ない」と主張しています。

4 検察の独自捜査

「特別捜査部」は検察庁にある組織を指す

KNOWLEDGE OF POLITICS FOR CITIZENS

警察ではなく検察自らが最初から捜査するという場面はないかというと、実はあります。有名なのは東京・大阪・名古屋の3地方検察庁だけにある**「特別捜査部」（特捜部）**。特に政治家や官僚などの「巨悪」に迫る独自捜査が有名です。

刑事訴訟法193条には、

> 検察官は、その管轄区域により、司法警察職員に対し、その捜査に関し、必要な一般的指示をすることができる。この場合における指示は、捜査を適正にし、その他公訴の遂行を全うするために必要な事項に関する一般的な準則を定めることによつて行うものとする。

とあります。ただしここから読み取れるのは、「捜査を適正にし、その他公訴の遂行を全うするために必要な事項」への、いわば補助的捜査の色合いが強いことです。

現に同条3項には、「検察官は、自ら犯罪を捜査する場合において必要があるときは、司法警察職員を指揮して捜査の補助をさせることができる」とあります。ここでも警察が第1次捜査権者である点は揺るがず、特捜部すなわち検察庁の一部局が警察を経ずに捜査をするという根拠にはなりにくいのです。

●戦前と戦後の検察の違い

実は検察官は、「起訴するかしないか」と「裁判への立ち会いと維持」に専念すればいいという**「検察官公判専従論」**（アメリカではそうです）といわれる考え方は、かねてよりあったし、今もあります。発端は戦前の日本の検察が強大な権限を持っていた反省に基づいています。

戦前の刑事訴訟法は「検察官が捜査の主宰者」とされ、第1次捜査権がありました。警察は「検事（検察官）の補佐として其の指揮を受け」る役割に過ぎませんでした。検察官は裁判所の検事局に置かれ、どちらも丸ごと司法省トップの司法大臣の監督下にありました。つまり「司法・立法・行政」の三権のうち、司法の主体である裁判所が行政府である司法省の元にあったのです。

敗戦後に戦後改革の中心となったGHQはこれをいびつとみなし、司法省を解体して裁判所を独立させ、検察局は「検察庁」という行政機関として新発足しました。GHQの当初案は、アメリカの制度と似た検察官公判専従と、自治体警察の創設などで、必然的に第1次捜査担当者は検察から警察へ移動しました。アメリカ流の、地方検察官を選挙で選ぶ「公選制」まで発想されたのです。この頃は、もはや検察の捜査権など風前の灯火だったといっていいでしょう。

そこに一筋の光明が差します。敗戦前日の8月14日の閣議で決まった、軍が保有する物資の処分通達に対して、その一部が何者かによって隠され、着服や横流しが行われたという「隠退蔵物資《いんたいぞうぶっし》事件」です。その総額は当時の国家予算の約4倍と推測されるほど膨大で、摘発が各地で始まりました。その捜査部が東京地検に置かれたのです。

また、1948年に起きた「昭和電工事件」（昭和電工社長による、政府高官や金融機関幹部への贈収賄事件）は大物政治家逮捕に至る大事件ですが、この汚職に隠退蔵物資事件もかかわっている可能性があるとして、隠退蔵物資事件捜査部も昭和電工事件の捜査に加わることになりました。いわばGHQはなぜか途中から、あれほど嫌っていた検察捜査を支持してきたのです。

この理由はいまだ昭和史の謎ですが、**こうして晴れて「政治家の事件のような事案を独自捜査する部署」として日の目を見た捜査部は、1949年にまず東京地方検察庁特別捜査部と改称して現在に至ります**。続いて大阪・名古屋にも置かれ、他の地方検察庁にもそれに準じた「特別刑事部」があります。

規模は東京地検特捜部が一番大きいものの、人数は検察官約40人と意外と少ない。役割はアメリカの連邦捜査局（ＦＢＩ）とやや似ています。ただしＦＢＩが扱う凶悪犯罪事件を特捜部はまず担当しない点や、特捜部には起訴権がある半面、ＦＢＩにはそれがないなど、違いも多くあります。

5 裁判官と検事、弁護士

裁判官は、試験合格者のなかでも特に優秀な人がなる

検事は検察官の官名で、ほとんど同じような使い方をします。副検事以外の検察官は司法試験に合格していなければなれません。

弁護士もまたほとんどが司法試験合格者です。刑事事件では法廷で被告（裁判にかけられた人）の弁護を担当します。民事では原告または被告の代理権を与えられて、本人に成り代わってさまざまな仕事をします。

最終的な裁きをするのが裁判官で、こちらも簡易裁判所と最高裁判所の一部を除いて司法試験合格者です。

では、それぞれどうやってなるのでしょうか。司法試験合格者は1年間の司法修習という研修を受けます。その最後のほうに「2回試験」と呼ばれるテストがあり、合格して晴れて修了となります。その上で法曹三者（裁判官・検察官・弁護士）のどれかを選択するのが大半です。

なかでも**裁判官は司法試験の上位者にしか声をかけないのが習わしです。**検察官は刑事事件のみ扱う（民事はやらない）ので、仕事はとてもきつく、かつては不人気な時代もありました。しかし最近は弁護士も就職難な状況であるため、声がかかれば任官したり、積極的に売り込む修習生も多いようです。裁判官や検察官になる人以外、つまり司法試験の合格者のほとんどは弁護士になります。

さて、このように裁判官は「上から目線」的な採用を行っているのですが、それに対して検察官や弁護士はどう思っているのでしょうか。どうやら「面白くない」というのが本音のよう。ところが、最終的なジャッジを下す裁判官がアホでは検察官も弁護人も仕事にならないというのも確かで、「仕方ない」ともとらえているようです。

裁判は原則として公開です。事前の申し込みはいらず、「傍聴人入口」から入って傍聴席へ座ります。録音・録画はダメ。メモについては、かつては新聞記者（一番前の席にいます）などに限定されていましたが、今は誰でも許されています。

民事事件の場合だと、書類のやりとりだけであっという間に終わるのもしばしばなので刑事事件のほうが見応えがありそうです。

6

陪審制度と裁判員制度

一般市民の感覚を司法の世界にも取り入れる

KNOWLEDGE OF POLITICS FOR CITIZENS

「陪審制度」はアメリカが有名で、陪審員には有権者など市民（18歳以上）から無作為に選ばれた者が就きます。**全員一致を原則とし、決めるのは「有罪か無罪か」で、有罪となった場合の刑罰は原則としてプロの裁判官が担います。**時に白熱するのが密室での評議で、テレビドラマや映画で著名な『十二人の怒れる男』は、脚本家の実体験に基づいています。

日本でも、一定の税金を納めた男性から陪審員12人を選ぶ制度が、戦前の１９２８年から導入された過去があります。やはり有罪か無罪かを決めるしくみでした。４８４件を審理して、戦中の43年に停止されます。

●「裁判員制度」導入後の変化

「裁判員制度」とは、２００９年から始まった、刑事裁判の審理に国民が参加する制度

陪審制度と裁判員制度

陪審制度

- 全員市民
- 有罪か無罪の決定のみ

裁判員制度

- プロ（裁判官）と市民の合議
- 量刑にまで踏み込む

です。それまでの裁判はプロの裁判官だけで行われ、「浮世離れしている」としばしば批判される判決もあり、一般市民の感覚を司法に取り入れて改善をはかりました。

大きな変化は「見て聞いて分かる立証」です。制度導入以前の刑事裁判は、おもに「調書主義」「精密司法」などと呼ばれ、警察や検察が取り調べた膨大な調書をプロ裁判官が徹底的に読み込んで判断を下す部分が大きかったのです。そのため調書は一般市民のレベルでは到底読破できないほどの分量となり、なおかつ法律の専門用語満載の極めて難解な内容となっていました。

裁判員制度では有権者のなかからくじで選ばれた6人が、地元の地方裁判所で裁判員となり、プロの裁判官3人とともに被告人を裁きます。

重大事件（殺人や傷害致死など「人を死なせた事件」や、人の住む家に放火など）限定で、プロの裁判官3人との計9人の合議で審理します。

公判（裁判）で証拠調べや被告人質問などに立ち会い、自ら質問もできます。法廷での審議が終わると、さらに密室の「評議」で**有罪か無罪かを認定し、有罪の場合は量刑（罰の重さ）まで決めます**。そこでの意見や多数決の人数などは死ぬまで誰にも話してはいけません。違反すると懲役6月以下か罰金50万円以下を科される可能性があります。

決定は原則として多数決です。ただし被告人に不利な決定を下すにはプロの裁判官が1人入っているのが条件。例えば、死刑か無期懲役かを決めるとして、裁判員5人・裁判官0人の計5人が死刑を、裁判官3人と裁判員1人の計4人が無期懲役をそれぞれ支持したら、数の上では死刑が多くても、規定により無期懲役となるのです。

裁判員の多くは仕事や家事などの「本業」を持つので、審理の期間もできるだけ短くする必要がありました。裁判員裁判に先立つ最高裁のアンケート調査によると「3日以内」ならば参加できるとした人が5割を超えました。したがって平均6回だった開廷回数を3回にするのが現実的。そのため刑事訴訟法を改正して**「公判前整理手続き」**を導入しました。初公判前にあらかじめ検察側と弁護側の両方が裁判所に集って証拠を示して主張も明らかにします。結果として争点が明快になってスピードアップがはかれます。

7

裁判員制度の問題点

制度の現状と、今後の課題とは

裁判員制度はおおむね順調に推移しており、「見て聞いてわかる立証」を、特に検察官が意識し始めています。

法の素人である裁判員でも正しい判断ができるよう、供述調書などの書類中心の裁判から、法廷の質疑・尋問を主体とすると決められました。しかし難しいのは、供述では自白した犯行を裁判で「検察官に認めるよう強制された」などとひるがえす被告がいたときです。こうなると自白の任意性（強制でないという根拠）や調書全体の信用性そのものが問題となりますが、裁判が始まってからでは取り調べ過程を検証できません。

大勢が行き交う路上で刃物を振り回して他人を殺害し、現行犯逮捕された場合には、実行犯かどうかの自白の有無はほとんど問題にならないでしょう。しかし、逆に状況証拠ばかりの凶悪犯罪では自白は非常に重みを増します。なかでも犯人しか知り得ない情報をもらした場合（秘密の暴露）の重要性は物証に匹敵します。ただ、この場合でも捜査当局し

KNOWLEDGE OF POLITICS FOR CITIZENS

か知り得ない情報を、被疑者が自白したように装えば理論的にはでっち上げができなくはありません。

そこで取り調べ状況を録画・録音して、自白の任意性や信用性が素早くわかるようにしようとしています。 2016年通常国会で可決成立をした刑事司法改革関連法は、裁判員裁判の対象となった事件と、東京地検特捜部など検察が独自に捜査した事件に限って被疑者取り調べのすべてを録音・録画するとしています。ただその対象は全体の3％程度に過ぎず、「事件全部を対象とするべきだ」という批判もあります。

他にもいくつかの問題が浮かび上がってきました。1つは2013年5月に起こされたある訴訟です。強盗殺人罪などに問われた被告に死刑を言い渡した裁判員裁判で、裁判員を務めた女性が「急性ストレス障害（ASD）」と診断され、慰謝料などの国家賠償を求める裁判を起こしました。訴状によると、女性は証拠調べで見せられた被害者の遺体の刺し傷のカラー写真などが頭から離れなかったといいます。

殺人事件の証拠写真を初めて見たときの衝撃は、多くの取材記者が体験していますが、そりゃあもうたまったものではありません。ただ、記者ならば一種の職業意識を持っているから我慢もできるし、それでいいともいえます。しかし裁判員は職業ではありません。

もっというと職業ではない市民の感覚を取り入れるのが制度の趣旨なのだから、残酷な遺体状況から精神的ストレスを受けるのは当然の帰結でもあります。カラーではなく白黒にするとか、コンピューターグラフィックに置き換えるといった配慮があってもいいはずです。

もう1つは地裁のみで行われる裁判員裁判の結果を、控訴先の高裁がひっくり返したケースが出てきたことです。死刑判決をした裁判員裁判2件を、高裁が「重すぎる」と無期懲役へと減刑したのです。最高裁が上告を退けたので無期が確定しました。理由として「2つの事件は被害者が1人で計画性も低い」と最高裁は指摘します。

おそらく1983年の連続射殺事件の永山則夫元死刑囚に対する最高裁判決が示した「永山基準」と呼ばれる死刑適用基準を踏まえているのでしょう。この基準は、殺害被害者数や動機、残虐性等を総合的に踏まえて、「やむを得ない場合」に死刑判決できるという内容です。

この判決への賛成派は、日本は三審制で特に死刑判決は過去との公平性を踏まえるべきで、「裁判員裁判が下した判決を覆せないとしたら制度の根幹にかかわる」といいます。一方、反対派は「何のために市民感覚を生かす制度を取り入れたのだ」と判決を疑問視しています。

KNOWLEDGE OF POLITICS FOR CITIZENS

8 検察審査会とは

検察が不起訴とした判断を市民感覚で審査する

検察審査会は、検察の不起訴処分をチェックする機関で、有権者からくじで選ばれた11人の審査員で構成され、地方裁判所やその支部がある地域に置かれています。司法に市民感覚を取り入れようという目的は裁判員裁判と共通します。

検察の不起訴決定に対して、被害者や告発者などからの申立てがあったときに審査会が開かれます。ここで審査員11人のうち８人以上の賛成があると、**「起訴相当」**（起訴すべきだ）と議決されます。結果を受けて検察が再捜査・再検討してもやはり不起訴となると２度目の審査会に委ねられます。ここで１回目と同じく８人以上の賛成があって起訴相当となると、**「起訴議決」**と呼ばれ、必ず起訴されます。**「強制起訴」**という言葉も使われます。審査会そのものは１９４８年にできた古い機関ですが、起訴議決できる権限を得たのは法改正による２００９年５月からです。

刑事裁判は通常、起訴した検察側と、起訴された被告・弁護側で争い、裁判官が判決を下します。しかし強制起訴の場合、検察の判断はあくまでも「不起訴」なので、法廷ではその役割を果たせません。代わりに地方裁判所が指定した弁護士が追及する側に回ります。

2001年に発生し、死者11人を出した明石花火大会歩道橋事故で、審査会は明石警察署署長と副署長を業務上過失致死傷の疑いがあるとして強制起訴しました。その際の議決書は、「検察官と同じ立場ではなく、市民感覚の視点から裁判で事実関係と責任の所在を明らかにしたい」と強調しています。**市民感覚で裁判を通して事実を明らかにしていきたいというのは強制起訴を導入した司法制度改革にも合致しています。**

一方で、そうした理由で起訴される側の負担も大きいという課題も抱えます。日本の場合、「推定無罪」の原則といいながら、実際には刑事裁判の被告人となっただけで悪人のイメージが付きまといます。「裁判所に聞いてみたい」というだけで起訴されたらかなわないというのも一理あります。

通常の検察官による起訴と、審査会の強制起訴は分けて論じるべきだとか、強制起訴できるのは検察が起訴猶予（起訴できるだけの証拠はあるけど深く反省しているなどの理由で起訴しない）とした、いわゆる「お目こぼし」に限定すべきとの意見もあります。

嫌疑不十分で不起訴となった場合の強制起訴で、有罪がなかなか出ないという経緯も考慮すべきでしょう。

先の明石の事件は公訴時効で審理を打ち切っており（免訴）、2005年に起きたJR福知山線の脱線事故で強制起訴されたJR西日本の3人の社長経験者の裁判も1審・2審とも無罪判決が出ています。いずれも上告中で決着はみていませんが、仮に最高裁が2審までの判断を支持すれば「強制起訴制度は今までのままでいいのか」という議論が再燃しそうです。

政治資金規正法違反容疑で強制起訴された小沢一郎氏は、国会議員では初めてのケースでした。しかし1審無罪のまま指定弁護士が控訴を断念して確定しています。無罪確定に至るまで小沢氏がこうむった政治的打撃は大きく、一部には検察が自ら起訴できなかった案件を、審査会を利用して起訴に持ち込もうとしたのではないかという見方もなされています。

任期が6カ月で、約半数が3カ月ごとに入れ替わり、誰であるのかも公表されず、その制度上、1回目と2回目の審査員がすべて異なっている場合も大いにあり得る検察審査会という機関に、強制起訴という強烈な権限を与えていいかという議論は賛否両論あって今も続いています。

9 裁判官の任命・指名

最高裁判所が持つ強大な人事権

KNOWLEDGE OF POLITICS FOR CITIZENS

三権分立の趣旨から、行政トップの内閣は、最高裁判所長官の指名（任命は天皇。23ページ）および最高裁裁判官の任命権を持ちます。合わせて15人です。これをもって「首相は最高裁を意のままに操れる」と勘ぐる向きもありますが、実際には前任者の意見を重んじて指名・任命しているようです。

長官・裁判官とも任期は定年の70歳までで、これに近づいてきたら後任者を内閣に推薦して許可を得ます。最高裁の裁判官に任命されるのは40歳以上の者と規定されていますが、実際には50歳以下の人が任じられた例はありません。

最高裁の裁判官は、裁判官出身6人、弁護士出身4人、検察官出身2人、府省などの行政官出身2人、大学教授など学識経験者1人というすみ分けができています。ただし直近の経歴が大学教授でも、実は弁護士枠や行政官枠であるという場合もあります。この枠内で現任者が後任者を推薦します。すべて慣例で、決まりはどこにも書かれていません。

では下級審の裁判官はどうでしょうか。憲法80条の決まりで「最高裁判所の指名した者の名簿によつて、内閣でこれを任命する」とあります。任期は10年で再任も許されていま す。定年は65歳で簡易裁判所のみ70歳です。

では、この「名簿」とやらは具体的に誰が作るかというと、最高裁の**裁判官会議**です。15人の裁判官全員がメンバーで、新任の判事補（裁判官見習い）や任期を迎えた裁判官の再任などを決めます。そこで「再任しない」となったら継続できません。

裁判官会議による、こうした「任官拒否」「再任拒否」はこれまでに例があり、訴訟も起きています。ただ裁判の最後は最高裁となり、その最高裁が決めた「拒否」に違法性を認めるはずもないと考えるのが普通です。

2003年からは指名過程に透明さを与えるとともに、国民の意思も反映させるべく**「下級裁判所裁判官指名諮問委員会」**が最高裁に置かれました。委員は11人で、法曹に加えて学識経験者も入っており、さまざまな見方から裁判官として適切かどうかを判断します。指名候補者に関する情報収集を行って諮問委員会に報告する「地域委員会」も全国8カ所に置かれました。

もっとも諮問委員の任命権は最高裁にあるので、「出来レース」（あらかじめ結果がわかっているレース）になるという批判も当初から存在しました。委員会が「不適格」「不適当」としたものをまとめて最高裁へ答申すると裁判官会議にかけられますが、答申がひっくり返るケースはまずありません。

要するに裁判官になるには、あるいは任期10年を迎えて再任されるには、最高裁の名簿に載らなければならないのです。こうした強大な人事権を持つ最高裁に対して、下級裁判所の裁判官が恐れをなして最高裁の顔色ばかりをうかがう「ヒラメ」と化し、過去の判例や「暗黙の意思」とでもいうべき事象を過度に推し量った判決が下される危険性があるともいえましょう。

10

「国民審査」の意義

どのような点から裁判官を審査すればいいのか？

KNOWLEDGE OF POLITICS FOR CITIZENS

最高裁判所長官は三権の長で、首相、国会議長（参議院議長、衆議院議長）と同格です。最高裁裁判官もこれまで述べてきたように強大な権限があります。三権のうち、首相は国民から選ばれた国会議員であり、かつ国会の指名を経て就任します。国会議長も各議院所属の国会議員の選挙で決まります。それに対して**裁判所のメンバーに国民の声を反映させる手段が、最高裁判所裁判官国民審査で、衆議院議員総選挙と一緒に行われます。**

対象は前回の総選挙以降に最高裁の裁判官となった者。言い換えれば裁判官になって最初の総選挙で審査されます。いったん審査を通ると10年間有効で、10年経過後にも続けていれば再び審査の対象となります。最高裁判所長官も、最高裁裁判官になって一度審査された後に就任していれば、審査の対象にはなりません。例はないのですが、最高裁裁判官を経ずに長官となれば最初の総選挙で対象となります。

投票用紙の氏名記載順はくじ引きで決めます。有権者は、クビ（罷免）にしたい裁判官の欄にバツ（×）をつけます。その他の意思表示は認められていません。マル（○）をつけたら信任ではなく無効となります。何もつけないと信任にカウントされます。**バツが有効投票の過半数に達すればクビにできます。**

とはいえ、これまで審査でクビになった裁判官は1人もいません。一番大きい理由は「誰だかよくわからない」からでしょう。バツ以外は信任か無効という制度そのものにも原因があります。これを「マル以外は全部不信任」とすれば、恐らく多くの裁判官のクビが飛ぶと思われます。

最もいい判断材料は、最高裁大法廷で裁判官がどういう判断をしたかです。大法廷にかかっている時点で大きな話題ですし、全員の判断や個別意見が新聞などで紹介されるので、かなりの確率で審査を受ける裁判官の考え方もわかります。選挙の前に出される「審査公報」も便利な材料です。経歴に加えて、「関与した主要な裁判」での立ち位置や「裁判官としての心構え」などが端的に掲載されています。それらと有権者自身の意見を突き合わせてみて、異なるのであればバツを付ける大きな理由となるはずです。

２０１５年に公職選挙法が改正されて選挙権が18歳以上となりました。これにともない、**国民審査もこれまでの20歳以上から18歳以上へと改まりました。**

第6章

他国とのかかわり方

1

国家の対外的な役割

混乱を防ぐため、外交と安全保障は一元化されている

KNOWLEDGE OF POLITICS FOR CITIZENS

「国家が決めなくてはならないこと」について、衆目の一致するところは**「外交」**と**「安全保障」**（軍隊がある国は広く軍事）です。

まずは外交から見ていきましょう。世界には約２００の国と地域があります。１つの国（または地域。以下略）が他の国とある関係を結ぼうとしたり、維持しようとしたり、断絶しようとしたりする、「国同士の付き合い」が国際関係となります。

さらに、利害や民族的つながりなどで、多国間と多国間、多国間と１つの国との付き合いといった形式があり、これもまた国際関係です。こうした国際関係が国ごとに網の目のようにさまざまに展開されています。すべてを把握するのは専門家でさえ不可能といえます。

そこで、外交の出番です。**外交とは、ある国が他の国と関係する営みをいいます。**もう少し狭い意味で厳密にいうと、国を代表する機関が交渉によって問題を処理していくこと

です。

多くの国には、日本語でいう「外務省」に当たる機関が存在し、こうした役割を一元的に担っています**（外交一元の法則）**。一元化されていないと「X国代表」と名乗る人物が多数出てきて、相互に矛盾する約束を他の国としてしまう恐れがあるからです。

また、外務省による狭い意味での外交以外に、経済的または文化的な外交があります。例えば、日本は台湾とは国交（政治的な外交関係）はなくても、経済的または文化的交流は深く存在します。こうした場合は企業やNGO（非政府組織）、文化団体などが交流して、狭い意味での外交を補完する役割を担います。

●「戦争」と安全保障

では**「戦争」**はどうでしょうか。「交渉」が外交の根本なので「交渉できない」を前提とした戦争という行為は、どのような意味でも外交とはいえません。ただ、ある国が他国に影響を与えるという意味で重要な国際問題であるとはいえましょう。

国連憲章は、20世紀に二度も世界大戦を引き起こしたことを反省して、国際連合加盟国に「武力を用いない」「国際紛争を平和的手段によって国際の平和および安全ならびに正義を危うくしないように解決しなければならない」「加盟国はいかなる国に対しても武力による威嚇もしくは武力の行使を慎まなければならない」としています。

要するに、原則として第二次世界大戦後は「戦争禁止」なのです。もし、どうしようもない暴れん坊の国が出てきて、話し合いもできないとなれば、みんなでとっちめる**「集団安全保障」**で対処できます。ただし、それまでの間は自衛権で各国が対応するのを国連憲章は認めています。ベトナム戦争もイラク戦争もアメリカの主張は集団的自衛権の行使でした。

日本の場合、安全保障を担うのは防衛省＝自衛隊です。陸上、海上、航空の3隊で構成され、外国からの侵略を未然に防いだり、本当にやってきたら戦って国を守るのが基本的な仕事（主たる任務）です。一定の武力を持っているとわからせれば外国が攻めてこないという効用もありますし、もし攻めかかられたときは最終手段として機能します。

日本には戦前、軍隊が独自判断で暴走して戦線を拡大し、政府の手に負えなくなったという苦い経験があります。**そのため自衛隊はシビリアンコントロール（文民統制）といって、主権者である国民の監視下に置かれています。**

行政府の一員で国会議員でもある首相が最高指揮権を持ち、首相が防衛出動（武力の行使）を命じるには国会の承認が必要です。

2

日本の「領土」

どこからどこまでが、「日本」となるのか？

意外にも憲法には、「ここまでが日本の領土だ」という定めがありません。日本が受諾して終戦となったポツダム宣言は「日本国ノ主権ハ本州、北海道、九州及四国並ニ吾等ノ決定スル諸小島」に限定されました。「諸小島」は、対馬など約1000の島で竹島は含まれていません。日本が独立を回復した1951年のサンフランシスコ講和条約で、沖縄と小笠原諸島はアメリカの統治下に残ると決まりました。その後、1968年には小笠原諸島が返され、72年には沖縄も返還されました。**外国と領土問題を抱えているのは韓国との竹島とロシアとの北方領土です。中国との尖閣諸島問題は「解決すべき領有権の問題は存在しない」というのが日本政府の立場です。**

KNOWLEDGE OF POLITICS FOR CITIZENS

●日本からの「独立」はできるのか？

ところで、例えば仲良しの向こう三軒両隣の家が「日本から独立する」と宣言したらできるのでしょうか。実は、法的には一発アウトとはなりません。

刑法は「国の統治機構を破壊し、又はその領土において国権を排除して権力を行使」するなどした者を内乱罪に問えるとします。ただし「暴動をした者」に限定。「外国と通謀して日本国に対し武力を行使させた者」も外患誘致罪に問えますが、これも「武力を行使」が要件。つまり平和的に独立を宣言し、納得した「国民」にあたる人々が暴力や武力を用いずに主権者を定めたら刑法では裁けません。

しかし、独立の実現はどの単位（都道府県や市町村あるいは仲良し同士）でも不可能でしょう。まず独立の是非を問う主体がわかりません。知事や市長あるいは地方議会議員は日本国憲法下の定めで選ばれているからです。仮に知事に求心力があったとしても「国民」となる人の同意がなければなりません。それを住民投票という形で行ったとしても、95％とか100％が合意すればともかく過半数程度だと、突然日本人でなくなる少数派は「すべて国民は、個人として尊重される。生命、自由及び幸福追求に対する国民の権利については、公共の福祉に反しない限り、立法その他の国政の上で、最大の尊重を必要とする」という憲法13条にすがるでしょうし、政府など国家権力も見逃さないはずです。

また、国際承認も欠かせませんが、多くの国は国内に分離独立運動を抱えており、よほどの大義がないと二の足を踏むはずです。

3

条約とは

合意した後で、国内での手続きに入るのが一般的

「条約」とは、国際法のもとで原則として国家同士が文書で明らかにした合意です。最近では地球温暖化阻止に向けた国連気候変動枠組み条約のように、国連など国際機関が当事者になるケースも目立ちます。「協定」「憲章」「議定書」「覚書」と、さまざまな名称で表現されるものも「条約」の定義からははみ出さないので「条約」と同等と考えていいようです。環太平洋パートナーシップ協定（ＴＰＰ）も条約です。

条約にもいろいろあります。国の数で考えると2国間（日米安全保障条約など）と多国間（国際捕鯨取締条約や南極条約）があります。

国際機関が当事者になるものとしては、人種差別撤廃条約、女性差別撤廃条約、子どもの権利条約、障害者権利条約など、一連の**人権条約**が有名です。条約の性格によっても、**政治条約**（日中平和友好条約など）や**経済条約**（ＴＰＰなど）、**軍事条約**（北大西洋条約など）と分類できるのです。

KNOWLEDGE OF POLITICS FOR CITIZENS

条約の締結は、２国間ないしは多国間の政府（日本の場合は内閣）が結びたいと意思表示して交渉が始まります。**各国から代表が選ばれて話し合い、「だいたいこの辺でいいだろう」という内容まで詰められたら、「大筋合意」または「合意」に至り文書が作られるのです。**

しかしこれだけでは終わりません。**署名（調印）**という段階が必要です。国家の代表者が条約文へサインする儀式で、交渉の大きな山場であり、かつ担当者にすれば華やかな舞台です。日本現代史上最も有名なのは、１９５１年のサンフランシスコ講和条約における吉田茂首相のそれでしょう。この条約で日本は第二次世界大戦で激突した連合国との戦争状態を終結させるとともに、ＧＨＱの占領下から脱して独立を回復しました。

条約には、署名すれば即刻効力を持つものと、そうでないものがあります。前者の代表的な例は、１９０２年に調印した日英同盟でしょう。20世紀に入った頃、日本はロシアに抵抗すべきか協調すべきかで国論が二分しました。そうしたなか、「抵抗すべき」とする勢力は当時世界最強国であったイギリスとの同盟に傾きます。反対勢力があるので交渉は秘密裏に進められ、ロンドンで駐英日本公使と英外相が調印して即日効力を持ちました。

そうでない条約とは国内手続きの完了を控えている場合で、サンフランシスコ講和条約

条約が締結される流れ

交渉
2国間、または多国間政府による話し合い

↓

合意もしくは大筋合意
この段階に至ってから条約文が作られる

↓

署名（調印）
代表者が条約文にサインする

↓

承認
国会で了解を得る。衆議院の議決が優先される

↓

批准
同意した旨を批准書を作って確認

↓

妥結・発効
条約が効力を生じる

など、多くの条約はこちらです。条約は国同士の決めごとですから、国内に賛否両論を抱えていても政府が「とりあえずGOだ」と定めたら、国の代表同士が話し合います。それはどの国でも同じです。国内の賛成派と反対派が複数で押しかけてはメチャクチャになってしまいますから。したがって**署名（調印）した後に国内の手続きに入るのです。**

現在の日本では、内閣

が選んだ代表が条約に署名するので、その次に立法府（国会）で話し合って衆参両院の過半数で「ＯＫだ」といってもらわなければなりません。ただし条約の締結は衆議院の優越が認められているので（27ページ）、参議院が否決しても最終的に衆議院の議決で成立します。

サンフランシスコ講和条約のケースだと、当時、日本国内ではアメリカを中心とする陣営のみと条約を結ぼうとする多数講和論と、ソビエト連邦や中国も含んで結ぶべきだとする全面講和論で割れており、前者を決断したため国会で論戦が繰り広げられました。最終的には吉田首相率いる自由党など衆参両院の多数派が、全面講和を訴える日本社会党や日本共産党を振り切って承認を得ました。

こうした手続きが完了すると通常、**「批准」**という確認行為を行います。正式なやり方は、同意した旨を示した批准書を作って交換するものです。

●国内の法律を整備する必要性も

条約加盟のため国内法を整備する必要が出てくるケースもあります。例えば、ハーグ条約（１９８３年から効力を持つ）は正式名称を「国際的な子の奪取の民事上の側面に関する条約」といって、主に国際結婚が修復不能になった際、片方の親が了解なく子を国外へ連れ出して、もう一方の親が「返せ」と要求したら、元の国に戻して子の今後を決めるというルールを定めています。日本が加盟に及び腰であったのは、特に外国で外国人と結婚した日本女性が夫（または元夫）の家庭内暴力（ドメスティック・バイオレンス）に耐えかね母国に逃げ帰るという事情を重く見ていたからです。

日本は離婚したら単独親権で、その大半が母親という慣例もあるので「夫がある日帰宅したら『実家に帰らせていただきます』との書き置きとともに妻と子が消えていてぼう然」というシーンも珍しくありません。しかし外国の多くは離婚しても共同親権で、無断で連れ出したら誘拐罪にもなりかねないのです。そこで2013年、「外国の親が子の返還を求める裁判を日本で起こせる」「暴力の恐れがあれば裁判所が返還を拒否できる」という手続き法を作って14年に加盟しました。

多国間の条約となると、批准段階で国内手続きがうまくいかなかったり、下手をすると否決されてしまう場合もあり得ます。そこで、全参加国のうち5カ国以上が了承すれば効力を持つとか、域内を占める国内総生産（GDP）の割合が80％以上に達する国が批准すればいい、というように、必ずしも参加国の全員一致を条件としない規定をあらかじめ盛り込む例が多く存在します。

このような条件がすべて整って、最終的な**「妥結」「発効」**（効力を生じる）に至るのです。

4 条約はどこまで有効なのか

憲法や他の法律との兼ね合い

KNOWLEDGE OF POLITICS FOR CITIZENS

先述のように、いったん批准した条約は法律より優位です。憲法違反の条約を批准しても条約そのものは有効です。憲法違反は他の参加国にとってはどうでもいいことで、むしろ憲法改正を迫られます。こうした事態を避けるために、少なくとも署名までの段階で憲法に反しないかどうかの確認をしないと、とんでもない事態を招きかねません。

ただし、ウィーン条約などで定められた外交特権、つまり公館（大使館や領事館）に国の権限が及ばないとか、外交官は逮捕も起訴もされないといった内容は、ある意味で「憲法以上」ですが、どの国でも認め合っているので「お互い様」と大きな問題になっていません。

しばしば「不平等条約」との指摘を受けるのが、日米安全保障条約に基づいて日本に駐留するアメリカ兵などの法的な立ち位置を示す**日米地位協定**（１９６０年に効力を持った）

です。日本にあっても米軍基地内ではアメリカの法律が適用されるとか、公務中であれば罪に問われても優先的な裁判権は米軍にあるといった決まりです。

米軍基地のあり方について争われたのが砂川事件でした。東京・米軍立川基地（197 0年代に日本へ返還）の砂川町（当時）などへの拡張に反対する「砂川闘争」最中の57年7月に、反対派が基地内に立ち入ったとして日米安全保障条約に基づく刑事特別法違反（施設または区域を侵す罪）で、学生ら7人が裁判にかけられます。

被告人は根拠法すなわち安保条約やそれに基づく米軍の駐留が憲法に違反しているからと無罪を主張。東京地裁は駐留米軍は憲法9条に違反するとして、全員無罪の判決を出しました。

法律や行政のあり方が憲法に照らしてどうなのかという「違憲審査権」（23ページ）は地方裁判所も持っています。ただ「違憲」の場合は通常の高等裁判所への控訴を飛び越して最終判断する最高裁へ上告でき、この時には実際に検察官はそうしました。

その最高裁の判決（1959年）で「憲法は」「自衛のための措置を」「他国に安全保障を求めることを何ら禁ずるものではな」く、「外国軍隊は」9条の『戦力』には該当しない」とし、地裁判決は破棄差し戻しとなりました。

再び行われた地裁判決は有罪（罰金2000円）で、上告棄却された1963年に確定します。

では、いったん条約を結ぶと永久に拘束されるのでしょうか。そうとはいえません。まず2国間条約であれば、1カ国が破棄した時点で終了です。多国間条約でも脱退すると言い出した国を、どうしても止めるという手段はないのが実情です。

留保という方法もあります。条約には加盟しても一部分だけ差し控えるのです。例えば、日本は人種、民族、出身国などによる差別を禁じる国連人種差別撤廃条約へ1995年に加盟しましたが、処罰義務の規定に関しては「憲法の表現の自由を妨げない限り」と制限付きでの受け入れとなっています。「表現の自由」とは憲法21条の「集会、結社及び言論、出版その他一切の表現の自由は、これを保障する」を根拠とします。

5 「自衛権」とはどういう権利？

憲法9条と自衛隊とのかかわり

KNOWLEDGE OF POLITICS FOR CITIZENS

国連憲章51条には、「この憲章のいかなる規定も、国際連合加盟国に対して武力攻撃が発生した場合には、安全保障理事会が国際の平和及び安全の維持に必要な措置をとるまでの間、個別的又は集団的自衛の固有の権利を害するものではない」とあります。**個別的自衛権**とは、自国（日本）に対する武力攻撃を自力ではねのけて守り抜く権利です。**集団的自衛権**は、自国（日本）が直接攻撃されていなくても、自国（日本）と密接な関係がある国（日本の例ではアメリカなど）が武力攻撃を受けたときに武力で阻む権利です。

憲法9条は

1　**日本国民は、正義と秩序を基調とする国際平和を誠実に希求し、国権の発動たる戦争と、武力による威嚇又は武力の行使は、国際紛争を解決する手段としては、永久にこれを放棄する。**

2 前項の目的を達するため、陸海空軍その他の戦力は、これを保持しない。国の交戦権は、これを認めない。

と定めます。

このうち、「前項の目的を達するため」の文言は、当時日本を占領していたGHQが帝国議会（戦後とはいえ新憲法施行前なので明治憲法下の帝国議会で審議された）の衆議院憲法改正小委員会（芦田均委員長）に示した草案に加えた修正が生きています（芦田修正）。

これがあるとないとでは大違い。ないと「国権の発動たる戦争と、武力による威嚇又は武力の行使」ではない自衛戦争（個別的自衛権）であっても「陸海空軍その他の戦力は、これを保持」できません。家に押し入ってくる強盗と戦うために包丁を用意してもいけないし、厳密にいえば戦うのもダメとなります。1954年に創設された自衛隊の合憲性はもっぱらこの「芦田修正」によるのです。

とはいえ、自衛隊の姿をみるにつけ、「陸海空軍その他の戦力」以外の何ものでもないとの「自衛隊違憲論」は自民党内にも存在しました。自民党の公式見解は、「自衛隊合憲論」でありながら、「憲法改正」が党是でもあります。「自衛隊は違憲だ。だから9条を改正せよ」という声が、「自衛隊は合憲だ。わかりやすくするために憲法を改正せよ」という声に混じって存在していたのです。

一方、長らく野党第1党にいた日本社会党（現在の社会民主党）のスタンスは「自衛隊は違憲だ。だからなくすか改組せよ」でした。その後、自衛隊が災害救助などで国民の支持を得るようになってきても、何となく自衛隊違憲論を維持し続けます。1994年に宿敵の自民党と連立政権を組んで社会党の村山富市委員長（党首）が首相になるや「合憲」を宣言するも、政権離脱後はまた、「何となく」路線へ戻った感じのままです。

●「集団的自衛権」への対応

与党自民党は、自衛隊合憲を表に出しつつ「違憲改正論」者を抱え、野党第1党の社会党は「違憲」と一応しながら次第に弱腰となるなか、妥協の産物として自衛隊を社会党が何となく黙認し、自民党も憲法改正をあえて政治日程に乗せない時代が長く続きました。

ゆえに「陸海空軍その他の戦力」そっくりの自衛隊も、「国権の発動たる戦争と、武力による威嚇又は武力の行使」ではない文字通りの「自衛」目的ならば合憲。言い換えればそれ以外の目的で使われたら違憲になるというのが、集団的自衛権を「憲法上行使できない」という根拠となってきました。

その集団的自衛権を限定付きで認めたのが2015年に可決成立した安全保障法制です。

そこで示された、集団的自衛権を行使するための前提となる条件の1つである「存立危機事態」とは、アメリカなど、日本と「密接な関係にある国が武力攻撃にさらされ、その結果日本の存立が脅かされ、国民の生命、自由及び幸福追求の権利が根底から覆される明白な危険がある」事態としています。他に「国民を守るために他に適当な手段がない」といった条件も加わります。

「存立が脅かされ」「根底から」「明白な」といったあたりがあいまいで、安倍首相も再三「総合的に判断する」と述べるにとどまっています。

また、周辺事態法から名称変更した「重要影響事態法」は、地理的な制約なく「日本の平和と安全に重要な影響を与える事態」が発生すれば米軍などの後方支援ができる内容です。「現に戦闘行為をしている現場」以外での行動で、弾薬の提供や戦闘に向かう航空機への給油などができます。

つまり理論上は地球のどこへでも自衛隊を派遣可能で、ドンパチやっている場所以外の後方支援となります。これに反対する人は、いくら戦闘中ではない地域だとしても安全とはいえず、また敵側からすれば日本の行為は戦闘参加に他ならないので憲法違反であると主張しています。

第7章

地方政治の実情

1 地方自治とは

身近なサービスを担う政治

KNOWLEDGE OF POLITICS FOR CITIZENS

憲法の第8章（92～95条）では、**「地方公共団体」**による**「地方自治」**を定めています。地方公共団体（地方自治体）とは都道府県や市町村、場合によっては東京23特別区も含めます。

国は全国共通の課題を扱うのに対して、地方は住民に身近なサービスを担います。

例えば、水を飲めるようにして供給する（上水）、使った水をきれいにする（下水）、公立の義務教育や高等学校を運営する、高齢者の介護サービスを実行する、安全に暮らせるように警察や消防署を置く、といった仕事をしています。

長い間、国と地方自治体の関係は「上下」であると認識されていて、憲法がうたう「地方自治の本旨」とかけ離れていると批判されてきました。典型例が「機関委任事務」の存在です。自治体が国から請け負わされた業務で、地方に裁量権（判断して決める権利）はなく、国の指揮・監督を受けていた仕事です。

しかしこれは、2000年施行の「地方分権一括法による地方自治法の改正」で廃止が決まりました。国と地方は「上下」から「対等」な関係へと改まったのです。代わりに登場したのが**「自治事務」**と**「法定受託事務」**という概念。自治事務は自治体固有の仕事です。法定受託事務は国の関与が認められているものの、機関委任事務に逆戻りしないよう地方も対等に責任を負うという趣旨になっています。

●地方政治の運営のしくみ

日本の地方自治は都道府県知事や市区町村長（区は東京23特別区）ら首長（リーダー）と、都道府県議会議員や市区町村議会議員を、それぞれ別の選挙で選ぶ**「二元代表制」**を採っています。

したがって**議会の多数派と異なる出身の者が首長となる可能性が常に存在しています。**「二元」のどちらが強いというわけではなく、相互が抑制して地方自治を進めるのが制度の目標です。

ここが国政と大きく異なる点です。国政は国会、特に最終決定権を持つ衆議院の多数派が首相を選出するので、その意に反する首相はまず出てこないからです。

住民には「選ぶ」以外の権限もあります。首長に対しては解職を、議会には解散または

地方自治での住民の直接請求

首長や議員の解職、議会の解散の請求（リコール）

- 有権者の３分の１以上の署名（40万人を超えた分は６分の１、80万人を超えた分は８分の１以上）が必要
- 有効と判断されたら住民投票が行なわれ、過半数を超せば首長や議員の失職・議会の解散が決まる

条例の制定や改正、廃止の請求

- 有権者の50分の１以上の署名が必要
- 首長が議会を招集して案を提出し、可否が決定する

個別議員の解職が請求できるのです。一般に**「リコール」**と呼ばれるしくみです。

リコールをするためには署名を集めなければなりません。正規の手続きを踏んで都道府県ならば２ヶ月、市区町村ならば１ヶ月の間に有権者の３分の１が必要です。

ただし、40万人以上の自治体となると大変な作業となるので、40万人を超えた分の署名は６分の１、80万人を超えた分は８分の１でいいとされています。例えば、50万人の自治体ですと40万人の３分の１＝13・３万人と、残りの10万人の６分の１＝１・７万人を合わせた、15万人分の署名が必要となります。

署名簿の書式は決まっており、住所、氏名はもとより生年月日や押捺（または母印

を押す）を求められます。

無事に集まったら選挙管理委員会がチェックして、有効と判断されたら住民投票が始まります。有効投票総数の過半数で首長と個別議員は失職、議会であれば解散します。なお、その後に行われる選挙に失職した人が出馬するのは構いません。

条例（208ページ）の制定や改正、廃止も有権者の50分の1の署名が集まれば首長に請求できます。ただし、条例案は自力で作らなければなりません。

また、自治体の仕事全般を対象として「おかしいな」と感じたら、議会の同意を得て、首長が選んだ監査委員に調べてもらうよう請求することもできます。こちらも有権者の50分の1の署名が必要で、首長は議会の同意を得た上で実行します。

こうした請求を**「直接請求」**といいます。住民が地方自治へ直接参加できるしくみで、国が用いている議会制民主主義（間接民主制の一形態）を補う役割があるとみなされているのです。

2 首長の役割

長くトップに君臨するケースも少なくない

首長の任期は4年で、予算や条例案などの議案を議会へ提出できます。**条例**とは、国会が定める法律の解釈範囲内で地方独自に定められる「ご当地法」といえましょう。法律がまったく規制していなければ制定者の自由に委ねられます。予算の提案権も首長にあり、執行権もあわせ持ちます。役所の人事権も議会の招集権もあります。

また、首長は議会の議決を突き返す（**再議権**。一般に**「拒否権」**といわれる）ことができます。条例の制定や改廃、予算に関する議会の議決に異議があると、「やり直し」させる権利を持っているのです。再議とされた議案は、議会の出席議員の3分の2以上の賛成がないと可決できません。

首長には議会の解散権はありません。ただし議会側が出席議員の4分の3以上で首長の不信任を議決したら解散できます。でなければ首長は失職です。不信任の議決は、議会の多数派と異なる党派などから首長が出て、両者のバトルが抜き差しならなくなったような場合に発生しやすいです。そうなると、議会を解散しても大きな勢力変化は期待できないので、むしろ失職を選択して出直し首長選へと打って出たほうが生き残れるという判断を下した首長も、多く存在しました。

議会の勢力は同じだとはいえ、出直し選挙で再び当選したら「民意は首長にある」との判断が支配的になるので有力な手段です。

議会とも良好な関係を築きながら行政トップに長らく君臨すると、次第に職員（都道府県庁や市区役所、町村役場に勤める地方公務員）も物申せなくなる絶対権力者になるパターンも目立ちます。特に3選（12年）、4選（16年）ともなると、アメリカ大統領のような「圧倒的な行政トップ」となりがちです。したがってこうした「多選」を制限すべきとの声はあり、実際に過去国会で制限する法案も提出されたものの、参政権との兼ね合いなどから難しいという意見も根強く、成立していません。

「専決処分」という権限も首長は持っています。議会が開かれていないときに、議会で議決すべき内容を首長が決められる制度です。次の議会で承認されなければならないとはいえ、議会の招集権は首長にあるため、開かないまま長期にわたって行使するのが可能となっているのが現状です。

3 地方議員の仕事

地方議会は、年間100日ほど開かれている

KNOWLEDGE OF POLITICS FOR CITIZENS

地方議員の任期は4年。**議会は首長が出してきた予算や条例案の議決権を持ちます。**議会そのものも議案を出せますが、現状では首長側のそれが数の上で圧倒しています。条例の制定や改正・廃止は出席議員の過半数で決し、首長に送られた上で公布されます。

条例のなかには、全国に広がりをみせているご当地酒の奨励をする「乾杯条例」や、三重県紀勢町の中年齢者の結婚を促す「キューピット条例」など、ユニークなものも結構あります。

また地方自治法には、条例に「二年以下の懲役若しくは禁錮、百万円以下の罰金、拘留、科料若しくは没収の刑又は五万円以下の過料を科する旨の規定を設け」(14条)られるともあり、その代表的なものとして47都道府県すべてにある「迷惑防止条例」が有名です。いわゆる痴漢行為の場合、東京都の条例だと「6カ月以下の懲役もしくは50万円以下の罰金」と定めています。なお、議員の定数も条例で決められています。

地方自治のしくみ

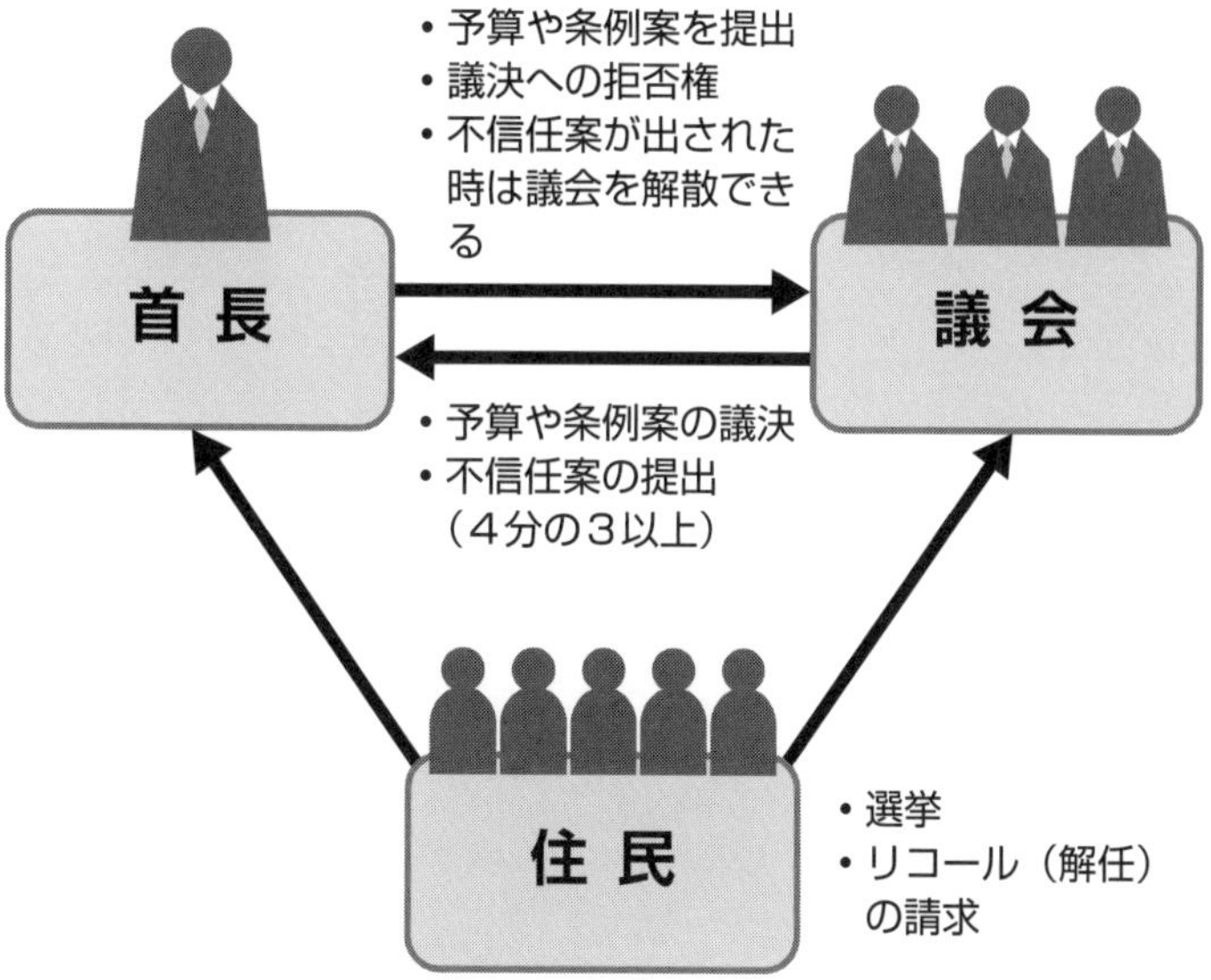

議会は会期制で、定例会は年４回開くパターンが目立ち、大体それぞれ15日から1カ月ぐらいで閉会します。特に重要なのは2月ごろから始まる第1回定例会で、当初予算を決めなければなりません。また他に必要とあれば臨時会も開かれます。

ただし、臨時会などもあるとはいえ、地方議員の本職である議会活動は年に１００日あるかないかです。現在では年中開く「通年議会」も法的に可能ですが、なかなか普及しません。

議員は国会も地方も変わらず次の選挙が第一の心配事なので、地域活動へ１日でも多く費やしたいという思いがそうさせているのでしょう。国政選挙ともなれば、自らが所属する政党の国会議員当選のための手足となって票集めにまい進します。
議会の多数派と首長が同じ陣営にいると、地方政治はどうしても首長が注目を浴びて議会は地味な存在となります。実際に、首長の提案を可決させるだけの追認機関のような、緊張感を欠く議会もたくさんあります。

●地方議員の懐事情

市区町村議会議員は全国で約3万人、都道府県議会議員は3000人弱です。**議員報酬**は自治体ごとに条例で定めており、月額100万円台から10万円台までとさまざまです。問題視されているのは、会期以外の日が圧倒的に多いにもかかわらず、大半の自治体が月給で払っている点です。

政務活動費も、しばしばやり玉に挙がっています。これも自治体によっていろいろで、厳しいところ（領収書の添付義務化）から甘い自治体までさまざまです。その名称の通り議員活動（事務所費用や勉強のために買う書籍代、視察代など）に使って地方議員の質の向上を狙いとするお金なのに、しばしば私的な目的で使用され、しかもそれがよくわからないという批判がまとわりついています。

議員年金もかつては地方議員の特権でした。3期12年務めると権利が発生し、都道府県議会議員で年200万円、市議会議員でも100万円が支給されました。そのため3選を目指して病気を押してボロボロになりながら立候補するという姿もあちこちにみられたものです。この制度は2011年6月に廃止されました。

このように、ゆるい感じで進みがちの地方議会ですが、一転して注目されるのが地方自治法100条に基く**「百条委員会」**が設置された際です。百条委員会は、自治体の仕事に重大な疑念が発生したときに置かれる特別委員会で、首長や議員も対象になります。

国会の証人喚問（118ページ）に似た強制力のある調査で、正当な理由がない不出頭や証言の拒否および偽証は禁固刑以下の罰に問われる可能性があります。地方自治法違反容疑となれば、議会は刑事告発しなければなりません。

4 統一地方選挙とは

統一率は低下傾向にある

首長や議会議員を一斉に選ぶのを**「統一地方選挙」**といい、4年に1回あります。4月に「前半戦」と「後半戦」に分けて行います。前半は比較的大きな地方自治体が対象で、本来は都道府県と政令指定都市の首長（知事と市長）および議会議員を選びます。後半はそれより小さな単位で、政令指定都市以外の市区町村長（区は東京23特別区）と議会議員を選出します。

1945年の第1回選挙は、すべての自治体が参加して行われたので統一率は100％でした（米軍統治下を除く）。首長と議会議員の任期は4年なので、この年から4年ごとが選挙年となります。

ところが首長の辞職や死亡があると、首長は1人なので早急に選び直さなければなりません。議会も解散があればこの基準年から外れます。もっとも近年、基準年から外れる傾向を強めた理由は「昭和の大合併」「平成の大合併」といった市町村の合併促進策によって、

KNOWLEDGE OF POLITICS FOR CITIZENS

新たな自治体がバラバラに発生し、選挙をし直した結果が大きいようです。

このような理由で統一率はすでに30％を切ってしまいました。そもそも統一選にしようというアイデアは「有権者の関心を高める」「選挙費用を抑える」ことにあったので、統一率が下がれば理論的に関心が薄まって当然なのです。

そこで「再統一」を目指そうという考えも生じています。現在の、毎週のようにどこかで市長選などをやっている状態を改めて、首長と議員の任期を特例法を作って延長し、統一率を高めるという案です。

しかし「そもそも統一すればいいのか」という疑問もあります。というのも地方自治体は公立小中学校と高校、警察や消防、水道、介護、国民健康保険といった身近なサービスを担っています。環境も事情も地域によってさまざまなので、何でもかんでも4年に1回、一斉にやれば民意が汲み取れるともいいがたい事情があるからです。

戦後、一度も合併が行われていない47都道府県議会議員選挙だけは、統一地方選挙の時期に東日本大震災に遭って延期された岩手、宮城、福島の3県と、任期途中の解散を経験した東京と茨城、および1972年に祖国復帰し、同年に選挙を行った沖縄を除く41道府県が、統一選で改選されています。しかし、比較的高い統一率であるにもかかわらず平均投票率は下がる傾向にあります。

地方議会議員や首長選挙では、争点が身近な分、大きな違いがない候補者同士のぶつかり合いになる場合も多くあります。また、無所属で立ち、政党からは推薦や支持に止めるというパターンもよくみられます。

特に、国政では角突き合わせている政党同士が、首長選で「相乗り」することは見慣れた光景です。例えば2014年10月の福島県知事選挙で当選した候補は、無所属で自民党、公明党、民主党、維新の党、社民党が「支援」（ほぼ「支持」と同義）しました。

5

都道府県と市町村の条例の違い

同格だが、都道府県の条例が優先されることも

KNOWLEDGE OF POLITICS FOR CITIZENS

地方自治法によると、「市町村は、基礎的な地方公共団体」だとしています。一方、「都道府県は、市町村を包括する広域の地方公共団体として」「広域にわたる」事務や「市町村に関する連絡調整に関するもの及びその規模又は性質において一般の市町村が処理することが適当でないと認められるものを処理する」とあります。

また、「都道府県及び市町村は、その事務を処理するに当つては、相互に競合しないようにしなければならない」とあり、役割分担はあってもどちらかが「上」という概念はありません。

つまり、都道府県と市町村は同格で、知事のほうが市長より偉いとか都道府県議会のほうが市町村議会より偉いということではありません。

ただし、法律で「都道府県条例に委ねる」とある場合はそちらが優先されます。例えば、風営法における時間と場所の設定や、屋外広告物法における規制方法などが挙げられます。

また、双方の条例に矛盾や競合があり、かつ住民の権利や義務、規制にかかわるとなると、都道府県の条例が優先されます。

現実の運営を見ていくと、市町村が条例を作る際には当然のように都道府県のものを参照していますし、都道府県も市町村の意向を無視した条例は作らないか、事前に市町村と話し合っています。

2006年、兵庫県三木市が設置した温泉施設「よかたん」に3カ所ある「家族風呂」が、県の公衆浴場法基準条例で禁じている「6歳以上の男女の混浴」に当たるとして、文書で改善を指導しました。三木市側は「『同一家族の場合、男女の入浴も認める』との条件で県から許可を取っていたはずだ」と市長をはじめ猛反発。結局県側が「10歳未満の子ども連れ夫婦で、貸し切りに限って認める」という条例改正を行い、営業できるようになりました。

この事例では双方の条例が食い違ったわけではありませんが、市町村の実情を踏まえないと都道府県条例のほうが改正される場合もあるという点で注目されます。

6

都道府県・市町村・政令市

それぞれの成り立ちと役割とは

明治に入って、幕領（江戸幕府の直轄地）に置かれていた江戸町奉行、京都所司代、大坂城代、遠国奉行（長崎、箱館、神奈川など）を廃止して「府」とし、その他の旧幕府直轄地を「県」としました。大名が支配する藩はそのままとして、府藩県三治制がスタートします。その後、１８７１年の廃藩置県で東京、大阪、京都のみが「府」を継承しました。１９４３年には、東京府と東京市（現在の23特別区）を廃止して東京都と改称します。

北海道は１８６９年に蝦夷地から改称し、開拓使を東京に置きます。開拓使は71年に札幌へ移転し、74年から屯田兵制度をスタートさせました。最初は主に士族（元武士）を対象とした農業兼営の北方警備兵士という位置づけです。82年に開拓事業が終了し、函館・札幌・根室３県を置いた後の１８８６年、３県を廃して北海道庁を置きました。

これが都道府県の由来で、現在ではすべて同格で名称の違いはかつての名残に過ぎません。市町村も含めて**「普通地方公共団体」**と総称されます。

KNOWLEDGE OF POLITICS FOR CITIZENS

市町村は合併の歴史でもあります。１８８８年に市制・町村制が公布されて、翌年の施行までの1年間に、7万以上あった市町村が1万5千台と、実に8割近く減少しました。また、１９５３年から61年までの**「昭和の大合併」**で65％減の約３５００市町村にまで減少し、さらに99年から始まった**「平成の大合併」**で半数近くの１７２７市町村にまで集約されました。いずれも行政の効率化を主な目的としています。

●さいたま市の合併のケース

悲喜こもごもの駆け引きもありました。埼玉県の県庁所在地である浦和市と、県内経済の中心地である大宮市は、「平成の大合併」以前にも「大埼玉市構想」などさまざまな提案によって、周辺自治体をも巻き込んで合併しようとの気運がありました。

浦和市は、パスポートセンターが大宮に移管されるなど、本来であれば県庁所在地にあってしかるべき機能をいくつも失っており、しかも合併すると新市の南端に位置するため、新幹線が停まり商業活動では浦和を圧倒する大宮が場所的にも県庁所在地にふさわしくなると思われるのを不安視して、「県庁だけは絶対に譲らない」とかたくなでした。

大宮も新市の名称を「大宮市」とすべきと主張して紛糾。２００1年にやっと「さいたま市」として成立し、明治時代に県庁を取り合いして以来の浦和・大宮の張り合いがようやく形の上では終わりました。

　このような平成の大合併によって、市のトップ級人事である市町村長、助役（現在の副市町村長）、収入役（現在は廃止）や地方議員の数が少なくなって、年間約１２００億円の節約となりました。半面で、自治体の面積が広く大きくなった分、周縁部の地域が廃れていくという弊害も指摘されています。

●自治体の役割の違い

　地方自治法は市町村を基礎自治体としています。市町村の業務は住民に密着しています。消防署、住民登録、介護保険、一般廃棄物の収集や処分、上水道からの給水、国民健康保険、国民年金、公立小中学校の設置、市町村道の建設やメンテナンス、農業委員会の設置などを役割としています。

　都道府県は、単独で警察、産業廃棄物の処理、公立高校や児童相談所の設置、一部国道の管理、県道の建設や補修などを担う他、「広域」「連絡調整」「補完」業務があります。

　例えば、生活保護は基本的に市町村の福祉事務所が所管しますが、町村によっては事務所がないところもあります。そこをカバーするのが都道府県という具合です。下水道については汚水などを集めて処理場や流域下水道に接続する役割が市町村、２つ以上の市町村から下水を受けて処理するための下水道（これが流域下水道）は都道府県が、それぞれ管理します。公立小中学校の設置は市町村の仕事ながら、そこで働く職員の給与負担は都道府県で行います。教職員の募集や採用試験も同様に都道府県が行います。

近年では市町村でのやりくりが厳しい仕事を都道府県へ移そうという動きもあります。例えば国民健康保険は本来、自営業者を対象としていましたが、今や無職や非正規労働者の割合が高まっています。会社員だと給料から自動的に引かれるのに対して国民健康保険は自治体が集めなければならず運営が厳しい状態。そこで2018年から都道府県に移管して財政基盤を強化するという法律が可決成立しています。

●東京23特別区の場合

東京23特別区は、首長（区長）と区議会議員を住民の直接選挙で選ぶなどという点は市とほとんど同じです。ところが権限となると見劣りします。例えば市町村が通常集めている固定資産税や法人住民税、特別土地保有税といった税収は、区ではなく都に集められた上で配分されます。地価が高く大企業の多い千代田区などは、この調整で「市」であれば入ってくるであろう収入の大半が吸い上げられています。ここから「千代田市構想」が唱えられた時期もありました。

自治体による役割分担の一例

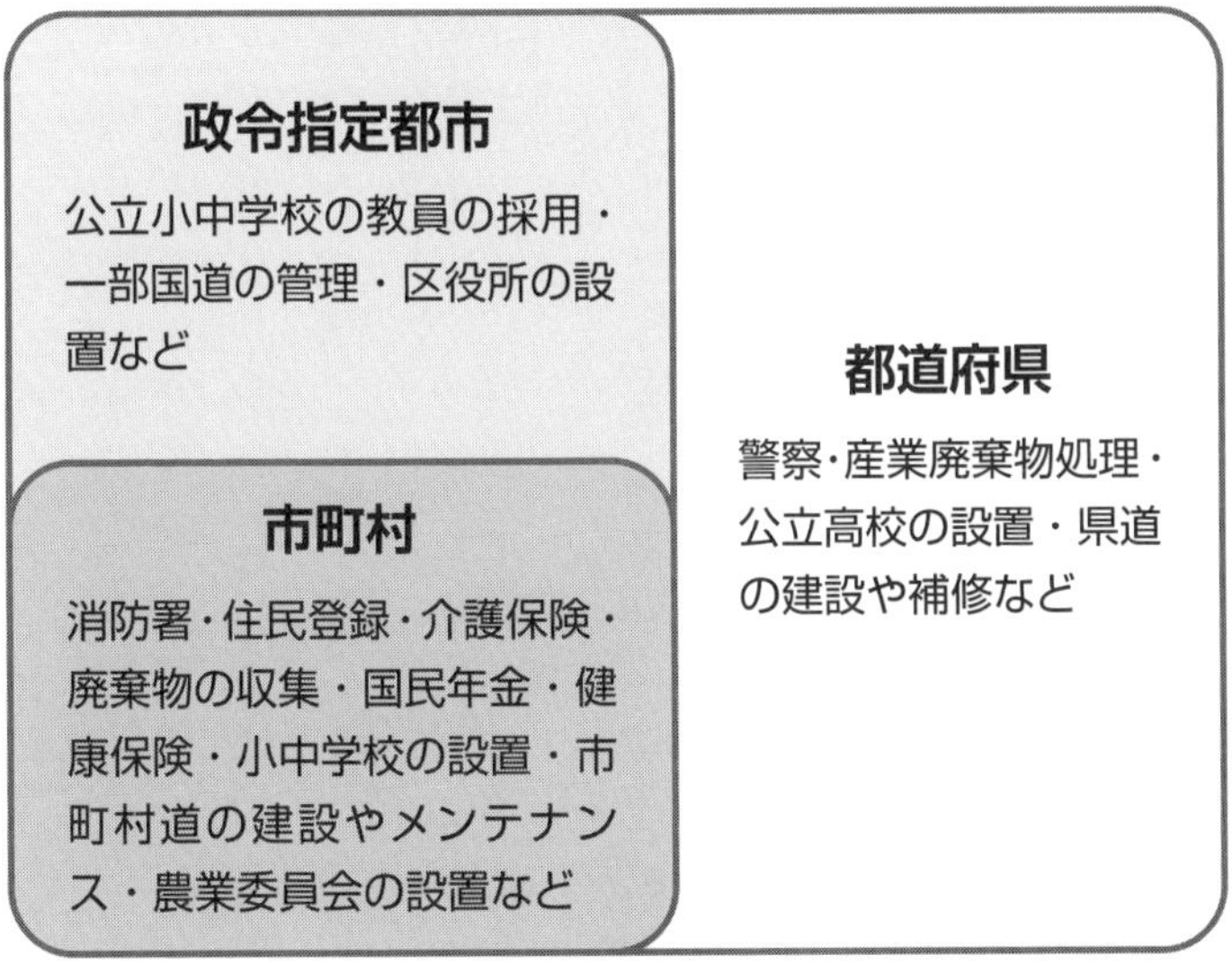

また、市町村が持つ消防や上下水道といった仕事も都が行っています。前述のように都道府県と市町村は原則同格なのに区と都は上下関係になっている、あるいは都の内部機関のように扱われているという不満が根強くあるのです。地方交付税（225ページ）も直接受け取れません。

●政令指定都市とは

政令指定都市（政令市）は全国に20あり、政令（143ページ）で指定された大都市を指します。普通の市から政令指定都市に移行すると、都道府県の仕事の多くが市の権限でできるようになります。

慣例で「人口100万人以上」が目安とされてきました。これが「平成の大合併」の際に「70万人程度」へと改められた結果、21世紀に入って続々と政令市が誕生しました。

2003年さいたま市（約120万人）、05年静岡市（約70万人）、06年大阪府堺市（約80万人）、07年新潟市（約80万人）と静岡県浜松市（約80万人）、09年岡山市（約70万人）、10年神奈川県相模原市（約70万人）、12年熊本市（約70万人）の8市で、さいたま市を除いては「70万人程度」の特例でたどり着きました。

政令市になってできるようになるのは児童相談所の設置、公立小中学校教員の採用試験や人事、一部国道の管理などです。市内に行政区を置いて区役所も設置できます。ただし東京23特別区とは異なり、区長は市長の任命で区議会もありません。

政令市は道府県のなかに道府県があるようなもので、さまざまな問題点を指摘されています。政令市と道府県が同じような事業を行ってムダが生じる二重行政はもとより、大きい分だけ住民サービスに目が届きにくくなる点や、道府県との役割分担のあいまいさなどです。

2010年に指定都市市長会が提唱した「特別自治体構想」は、財源や権限を市に集中させる形での二重行政解消案でした。しかし道府県との綱引きが続いていて目立った効果をあげていません。

7 地方予算の実情

財政が厳しい場合は破綻してしまうことも

自治体独自の収入（税収など）を、運営に必要な経費（出ていくカネ）で割った数値が**「財政力指数」**です。ちょうど「1」が出と入りがピタリと一致する状態で、1以上であれば財政に余裕があり、1を下回り0に近づくほど厳しくなります。全国の平均は約0・47で、ひと頃いわれた「3割自治」よりは改善されています。ただし自治体によっては3割（財政力指数0・3）や2割（同0・2）というケースがあるのも事実です。特に市町村は住民税と固定資産税が収入の両輪というところが多く、人口が減って地価も安くなっているとなれば財政が厳しくなります。多くの場合、高齢化がともなうので、出ていくお金もそうは減らせません。

指数が1を割り込んだ分は**地方交付税**で賄わざるを得ません。これは国が一定割合を、地方自治体に対して配分するもので、運営が厳しい自治体ほど手厚く配分するのが原則です。単年度で約15兆円ほど。使い方は限定されません。

KNOWLEDGE OF POLITICS FOR CITIZENS

今は大丈夫だけれど少子高齢化や人口減少がより進む将来が不安、という自治体はたくさんあります。都道府県や市町村の収入が支出を大きく下回ったり、自治体が行っている事業が行き詰まるなどして「もはや運営が困難」な状態に陥ると、自治体の破綻**（財政再生団体）**となります。しばしば会社における倒産がイメージされます。その一歩手前が**「財政健全化団体」**で「倒産寸前」の状況です。

1955年に地方財政再建促進特別措置法が成立しました。45年の敗戦以来の復興期を経て、50年の朝鮮戦争による「特需」に沸き立った反動で、自治体の経営が著しく悪化したのを受けての措置です。300団体近くが該当し「財政再建団体」（現在の財政再生団体に相当）となりました。ただ、このときはほぼ同時期に始まった経済の高度成長が日本全体を元気にしてくれたので全部立ち直りました。

次のピンチは、1990年以降のバブル景気（86年～91年）崩壊の過程で発生します。不景気脱出のため政府は、自治体単独の公共事業を「心配するな、後は地方交付税で面倒を見てやる」と、借金してでも対応せよと発破をかけました。ここで大がかりな事業を行って失敗したケースが多々あります。ところが不況は国の財布も直撃し、のんきに地方の借金を肩代わりしている場合ではなくなりました。

そこで21世紀に入った頃から、「合併すれば交付税が出るよ」というアメで自治体合併を促してスリム化して「平成の大合併」を推し進める一方、小泉純一郎政権下では全体の交付税削減を含む「三位一体の改革」というムチの政策が進みます。この締め付けによって財政が悪化する自治体が続出。ついに2007年に北海道夕張市が財政再建団体となりました。

夕張市の巨額の負債に驚いた国が調べてみると、財政再建団体予備軍の市町村が20以上あるとわかり、もはや地方財政再建促進特別措置法では対応不能と判断し、新法制定に急ぎます。それが**「自治体財政健全化法」**（2009年全面施行）で、地方公共団体と企業が一緒に作った第三セクターの赤字など、特別措置法では想定していなかったものも含む新しい指標を加えました。夕張市は新法での財政再生団体第一号。まだ二団体目は出ていません。

第8章

戦後の日本政治の流れ

1

「保守」と「革新」

戦後の自民党と社会党の歴史

KNOWLEDGE OF POLITICS FOR CITIZENS

「保守」とは、過去や現在に存在している大方の価値観を重視し、実利的で現実的な精神を大切にしていくという考え方の総称です。戦後、日本の政治でこの言葉を用いるときには、たいてい変革を重視する**「革新」**を対置語にしてました。

１９５４年、長らく続いた自由党の吉田茂内閣が総辞職し、第2党の日本民主党から鳩山一郎内閣が成立しました。翌年の解散総選挙で日本民主党は第1党となるも、過半数に及ばず１８５議席でした。

色めき立ったのが、政策に関して右派と左派に分裂していた戦後の「革新」のシンボルであった日本社会党。左右合わせると１５６議席と第1党に肉薄するため、政権奪取をもくろんで１９５５年10月、再統一しました。

しかしその翌月、日本民主党と自由党が合同して自由民主党が成立します。別名保守合同。吉田と鳩山の両氏はお互いに追いやったり追いやられたりしたライバルでしたが、何とか合同をやり遂げました。以来、1993年の細川護熙非自民連立政権ができるまで、一時期を除いて自民党の単独政権が続く一方で、野党第1党に社会党が座り監視していきます（**55年体制**）。

当時はアメリカ陣営（西側）とソ連陣営（東側）による「冷戦」の時代。国の重要テーマは、日米安全保障条約の是非（自民党賛成、社会党反対）、憲法改正（自民党賛成、社会党反対）、自衛隊の憲法解釈（自民党合憲、社会党違憲）とハッキリと分かれていて、わかりやすかったのです。

人によっては「自社二大政党」とも呼びました。もっとも折からの高度経済成長を支えてきた自民党の優勢は一度たりとも変わりません。終始250議席以上で過半数を制し、社会党は当初の160議席程度から110議席台へと長期低落していきます。二大政党というより1と2分の1政党でした。

自民党が衆議院で過半数を制し続けた理由として、選挙区の制度の事情と、社会党寄りの政策でも、よいと判断すれば実行してしまう懐の深さが挙げられます。

前者は当時の中選挙区制についてです。定数が3議席としたら過半数に届くには2議席取りに行かねばなりません。自民党はそれを果敢に実行しました。対して社会党は2議席を狙うと共倒れになる恐れから1人しか公認しない状況が、総選挙を経るごとに明確となります。その分、候補者が少なくなるので、選挙をする前から「社会党全勝でも過半数には及ばない」状況となっていきます。

後者の社会党寄りの政策については1961年に確立した国民皆保険、国民皆年金制度が象徴的です。自民党の1党体制で福祉国家を実現させて「1億総中流」を実現する——形だけ見れば社会主義国家にも似ています。

さらに、1991年のソ連崩壊で、「革新」の理論であった社会主義が機能しないのが誰の目にも明らかになり、社会党の瓦解は著しくなってきました。93年の総選挙では77議席と2ケタに転落し、社会民主党に改称した96年にはわずか15議席へと転落します。

一方、ライバルの「革新」が転落して余裕しゃくしゃくであるはずの自民党も、党内分裂の結果、1993年の総選挙で過半数割れして細川非自民連立政権の誕生を許し、野党へと転落します。

細川政権を担った社会党は、次の羽田孜内閣で離脱し、宿敵の自民と組んで1994年、村山富市社会党委員長を首相とする政権を発足させました。自民党側からいえば政権復帰です。

このように、自民党と社会党の姿が大きく変わってしまったので、今ではほとんど「保守」「革新」の構図で政治は語られなくなってきました。日本共産党は「革新」勢力ですが、最近は復調気配とはいえ自民党との議席差は圧倒的です。

また近年では**「新保守主義」**（ネオコン）の台頭が見られます。「小さな政府」「効率」「自由競争」「規制緩和」「自己責任」あたりがこの勢力を知るキーワードで、１９８０年代の中曽根康弘政権あたりから萌芽しています。

2 「大きな政府」と「小さな政府」

政策のスタンスの違いとは

KNOWLEDGE OF POLITICS FOR CITIZENS

「小さな政府」で有名なのは、**「夜警国家」**という考え方でしょう。国家の役割は安全保障や治安維持（警察など）が主で、「ガードマン」が私有財産を守ってさえくれれば、後は自由放任でいいというあり方です。

対する**「大きな政府」**は、一般に**「福祉国家」**を指します。国民福祉の向上のために政府が積極的に関与する体制で、貧困への対応（生活保護など）や、生活の行く末を安心させる医療保険や年金などの制度の充実、雇用の安定、地方と中央の格差是正、基礎的財政基盤（インフラ）整備などが挙げられます。

こうした本来の意味でとらえれば、戦後日本は一貫して「大きな政府」指向であったといえましょう。予算規模（一般会計）も年々大きくなっていて、現在最も歳出が多いのが社会保障費（医療、年金、介護、育児など）であるところからもわかります。

したがって現在、「夜警国家」の意味で「小さな政府」にせよ、という意見はほとんど

「大きな政府」と「小さな政府」

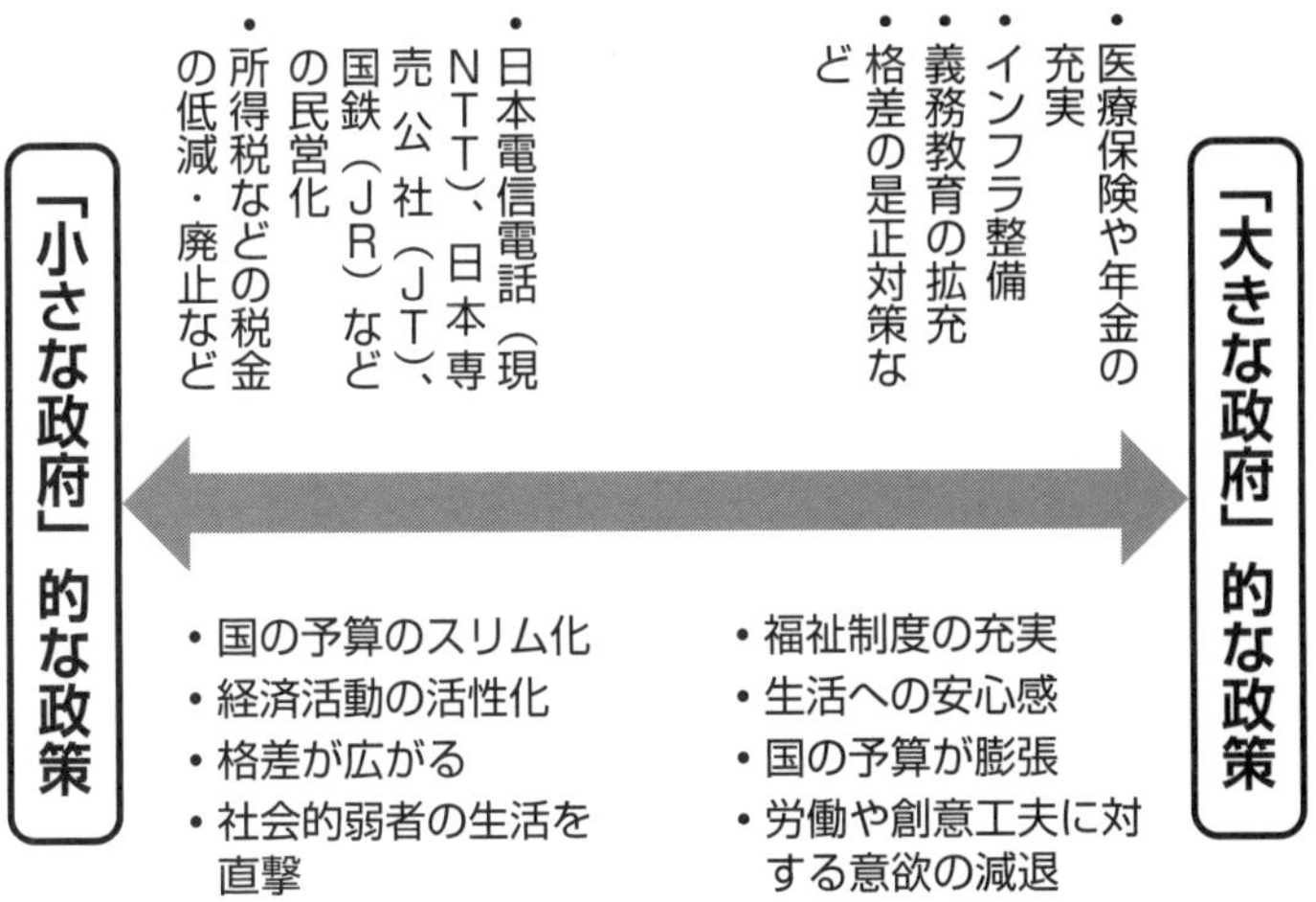
「大きな政府」的な政策
・医療保険や年金の充実
・インフラ整備
・義務教育の拡充
・格差の是正対策など
・福祉制度の充実
・生活への安心感
・国の予算が膨張
・労働や創意工夫に対する意欲の減退
「小さな政府」的な政策
・日本電信電話（現NTT）、日本専売公社（JT）、国鉄（JR）などの民営化
・所得税などの税金の低減・廃止など
・国の予算のスリム化
・経済活動の活性化
・格差が広がる
・社会的弱者の生活を直撃

ありません。存在するのは「小さな政府」的要素を取り入れて、ふくれ上がった予算規模を少しでも小さくしてムダをはぶき、民間にできる事業は国家から切り離し、さまざまな規制（国による縛り）をなくして経済活動を自由にして活性化させようという意見です。

アメリカの経済学者ミルトン・フリードマンは著書『選択の自由』（日本経済新聞出版社）において、過剰な福祉体制を批判し、「このような福祉体制がもたらした主要な悪は、それがわれわれの社会の構造に及ぼした悪影響だ。それは家族の絆を弱め、自分で働き、自分で貯蓄し、自分でいろいろと新しい工夫をしようとする人びとにさせる誘因を減少させてきた。また、福祉国家体制は資本の蓄積をも減少させてきたし、われわれの自由をいっそう制限するようにもなってきた」と、

「大きな政府」的な政策を批判しています。

「小さな政府」的政策としては、１９８２年成立の中曽根政権が断行した３公社の民営化または分割・民営化が挙げられます。公社とは政府全額出資の公共企業体を指します。85年に日本電信電話公社が日本電信電話株式会社（ＮＴＴ）に、日本専売公社が日本たばこ産業株式会社（ＪＴ）にそれぞれ民営化されました。87年には日本国有鉄道が分割・民営化され、地域別の６つの旅客鉄道（ＪＲ）を含む11法人と国鉄清算事業団に分けられました。

２００１年発足の小泉純一郎政権は、「民間にできることは民間で」と叫んで国営の郵政事業（郵便・簡易保険・郵便貯金など）を民営化しました。他にも最高税率が75％であった所得税率を低減して「一生懸命働いている人に報いる」方針や、職業安定法が「間接雇用」としてかつて禁止していた「労働者派遣事業」の解禁といったものが、小さな政府的な政策に該当します。

ただ、こうした政策は高齢者や病人、シングルマザーなど社会的な弱者を直撃するとの指摘があります。世界的な金融危機であった「リーマン・ショック」が起きた２００８年末、ＮＧＯ（非政府組織）や労働組合などによって日比谷公園に開かれた「年越し村」村長を務めた法政大学教授の湯浅誠氏は著書、『反貧困――「すべり台社会」からの脱出』(岩波書店)で「四七歳の男性」の例を挙げています。

父親の都合で小中学校を一五回転校し、中卒で働き始めていた。印象的だったのは、中卒後の三〇年間でさまざまな仕事に就いてきたが、就職活動時の最優先条件は「ずっと寮とまかないが付いていることだった」と言っていたことだ。身一つで社会に出てきた彼にとって、職種や雇用条件(時給、雇用保険・社会保険の有無、有給休暇の有無など)は、就職先を選ぶ際の現実的な条件にはならなかった。……それゆえに、低賃金で昇給も昇格もない劣悪な諸条件の職場を長く転々とし、いつまでも選択肢のない状態を脱することができずにきた。

湯浅氏はこのように分析し、「貧困状態にある人たちに自己責任を押し付けるのは、溜池のない地域で日照りが続く中、立派に作物を育ててみせろと要求するようなものだろう」と述べています。

3

日米安全保障条約とは

日本の防衛とアメリカとのかかわり

日本は1945年に第二次世界大戦に敗れて連合国へ降伏します。アメリカを中心とするGHQに占領された後、51年のサンフランシスコ講和条約で独立を回復しました。条約の署名を午前中に終わらせた吉田茂首相は、午後になって一人で**日米安全保障条約**（安保条約）に署名します。

「日本国は、武装を解除されているので、平和条約の効力発生の時において固有の自衛権を行使する有効な手段をもたない」にもかかわらず「無責任な軍国主義がまだ世界から駆逐されていないので、前記の状態にある日本国には危険がある。よって、日本国は平和条約が日本国とアメリカ合衆国の間に効力を生ずるのと同時に効力を生ずべきアメリカ合衆国との安全保障条約を希望する」という内容の条約です。

米軍の日本での配備を認めるものですが、日本の防衛義務は明記されていませんでした。安保条約に基づいて日米行政協定も締結されます。在日米軍に基地（施設・区域）を提供

KNOWLEDGE OF POLITICS FOR CITIZENS

するといった内容でした。

基地の設置には反対運動も起きました。1953年には石川県の内灘で米軍が試射を開始して内灘闘争が起きるなど、米軍基地反対闘争が全国で活発化します。東京都の砂川事件（197ページ）は代表的な例です。この事件では最高裁が、「外国軍隊は」9条の『戦力』には該当しない」としました。

1960年、岸信介内閣は「日米相互協力及び安全保障条約」**（新安保条約）**を締結しました。旧条約になかったアメリカの日本防衛を明確にし、随時協議・事前協議制も取り入れました。有効期間は10ケ年とされました。しかし、安保改定阻止国民会議・全日本学生自治会総連合の反対運動を中心とした安保闘争が起こって国会を取り囲みます。予定されていたアイゼンハワー米大統領の訪日は中止となり、岸内閣は成立後に総辞職しました。また同年には、日本駐留のアメリカ兵などの立ち位置を記した**日米地位協定**（196ページ）が結ばれました。

さらに1970年には日米安全保障条約が自動延長となりました。日米両国中、一方が望めば1年の予告期間で条約解消となるという内容です。この際も、学生などの「新左翼」による激しい反対運動が起こりました。

新安保条約以降は、「日本の防衛をアメリカにも依頼する」というスタンスがハッキリしてきました。軍隊を持たず、国防の多くを外国に委ねるという独立国はそう多くはありません。

言い換えれば異様な姿なのですが、歴代政権は憲法9条と安保条約をセットにして安全保障の基本構図としてきました。「外国に防衛を任せるのは恥だ。米軍を撤退させ国土の防衛は、憲法を改正して自衛隊を軍に格上げして担うべきだ」という意見もなくはないのですが、少数派にとどまっています。

日本社会党は、「非武装中立」を掲げて日米安全保障条約に一貫して反対してきたものの、国民の多数の支持を集めるに至らないまま村山富市首相が国会で「日米安保条約が必要だ」「維持と言おうが堅持と言おうが、このような日米安保体制の意義と重要性についての認識は、私の政権でも基本的に変わ」らないと、方針を大転換させました。

なお、米軍基地は当初に比べて減少していますが、沖縄がカバーする割合は増えています。国土面積の0・6％しか占めない沖縄に米軍基地の約74％が集中するといういびつな構図となっているのです。

4 戦後日本の外交

世界の各国とどう関係を築いてきたのか

KNOWLEDGE OF
POLITICS
FOR CITIZENS

ここでは、サンフランシスコ講和条約の発効で独立を回復してからの歩みを見ていきましょう。**基本的に日本は、アメリカを盟主とする西側陣営に属しながらもソ連を中心とする東側諸国とも話し合い、どちらにも属さない中国、インドなどアジアやアフリカ、南米諸国などとも親善に励んできました。**

●日ソ共同宣言

サンフランシスコ会議に参加しながら条約に署名しなかったソ連とは、1956年に**日ソ共同宣言**を結び戦争状態の終結を確認するとともに、「国際連合への加入に関する日本国の申請を支持するものとする」との文言を得ました。国連加入には安全保障理事会常任理事国すべての合意が欠かせず、うち米英仏とはサンフランシスコ講和条約を調印し、中国の議席は当時台湾（中華民国）にあり、すでに日華平和条約を52年に結んでいたので、残るはソ連だけでした。そのソ連の承諾がとれ、56年に**日本の国連加盟が実現**します。

●日韓基本条約

旧植民地の大韓民国との交渉は多難でした。特に竹島の帰属問題はもめにもめて、交渉は何度も暗礁に乗り上げますが、１９６５年、佐藤栄作内閣と韓国の朴正熙政権の間でようやく**日韓基本条約**の締結へこぎつけ、外交関係が樹立されたのです。

いくつかの難問は文言の工夫でクリアしました。例えば、１９１０年の韓国併合条約以前に日韓で結ばれた条約や協定は「もはや無効」で決着します。日本は「条約は当時は有効だった」とするのに対して、韓国側が「最初から無効であった」と主張したためです。とはいえ、現状では無効であるのは間違いないので「もはや無効」で折り合ったのです。

また、条約3条の「大韓民国政府は、国際連合総会決議第百九十五号に明らかに示されているとおりの朝鮮にある唯一の合法的な政府であることが確認される」という面倒くさい言い回しには、北朝鮮をどう位置づけるかでの意見対立が反映されています。国連決議が韓国の施政権を北緯38度以南に限定し、以北に別の政権があるかのように暗示しているので、その限りにおいて「唯一の合法的な政府」だと確認したのです。

他に、在日韓国人の法的地位および待遇に関する協定（日韓法的地位協定）に基づき、日本に居住している韓国人に、1966年より「協定永住権」を付与すると決まりました。また、請求権問題は、総額8億ドル以上の資金付与と引き替えに韓国は対日請求権を放棄します。懸案の竹島の帰属問題は棚上げとなりました。

●中国との外交

困難を極めたのは、1971年に国連の代表権を回復して国際的地位を急速に高めた中華人民共和国との交渉も同じです。それまでアメリカと同じく台湾よりのスタンスを取っていた日本人を驚かせたのが、72年2月のニクソン米大統領の電撃訪中でした。

ニクソン訪中にあわてた日本は同年、田中角栄首相が大平正芳外務大臣とともに訪中し、周恩来首相との間で**日中共同声明**の調印に至りました。戦争状態の終結、つまり国交の正常化を宣言するとともに、「中華人民共和国を中国の唯一の合法政府とする」と認めて「2つの中国」を否定しました。台湾政府の否認に他ならず、日華平和条約は失効します。

中国がとりわけ熱心だったのが7項の「覇権」国家の否定です。同じ共産主義国家であるはずの中国とソ連は、この頃から主義主張の違いや領土問題などが加速して関係が悪化

戦後日本の主な外交条約

1951年　サンフランシスコ講和条約・日米安全保障条約

- 独立を回復
- 米軍の日本配備を認める

1952年　日華平和条約

- 中華民国（台湾）との条約

1956年　日ソ共同宣言・日本の国連加盟

- 常任理事国すべてと条約が結ばれ、日本の国連加盟が実現

1960年　新安保条約

- アメリカの日本の防衛の義務を明確化、10年間の有効期限

1965年　日韓基本条約

- 旧植民地との国交を樹立
- 日本の資金供与と引き換えに韓国は対日請求権を放棄

1970年　日米安全保障条約が自動延長

- 以降は、１年の予告期間で条約解消が可能となる

1972年　日中共同声明

- 71年に国連の代表権を回復した中華人民共和国との国交正常化
- 日華平和条約は失効し、台湾とは断交

1978年　日中平和友好条約

- 日本と中国の恒久的な平和関係を協定

していました。中国がアメリカや日本に急接近したのも、こうした中ソ対立が背景にあったのです。「覇権」国家がソ連を指すのは明白でしたが、名指しはしていません。

1978年には**日中平和友好条約**が結ばれ、日中間の恒久的な平和友好関係を協定しました。ここでも「覇権」条項（2条）が問題になりましたが、ソ連を変に刺激したくない日本は、4条に「この条約は、第三国との関係に関する各締約国の立場に影響を及ぼすものではない」と書き加えることを条件に同意したのです。

5 経済成長とインフラ整備

戦後日本の発展を振り返る

KNOWLEDGE OF POLITICS FOR CITIZENS

戦後の焼け野原から一時は世界第2位の経済大国に上り詰めた背景には、工業化が一役買いました。敗戦直後は、働く者の約半分が第1次産業（農林水産業）に従事しており、工業は空襲の被害や軍需産業の崩壊などで大きく落ち込んでいました。ここに、敗戦で失った海外植民地から日本へ引き揚げてきた約７００万人と、陸海軍の消滅で職を失った大量の軍人が加わり、経済はしばらく混乱を極めました。

しかし、１９５０年に勃発した朝鮮戦争に参加していた米軍から、軍需資材の買い付けや運輸・修繕等の特殊需要（特需）がもたらされ、繊維や金属といった産業が息を吹き返しました。そこで、政府は発展が見込める電力、次いで造船や鉄鋼へ活発な設備投資を開始します。52年には国際通貨基金（ＩＭＦ）と世界銀行に加盟しました。世界銀行からの融資を受けてインフラなどの基盤整備を強化します。

その結果、１９５５年からは**神武景気**（〜57年）という空前の好景気がやってきました。

設備投資効果に加えて、戦前に軍事へ大量投入されていた技術力が民間での革新につながったことが原動力となります。短い不景気（なべ底不況）をはさんで58年からは**岩戸景気**（〜61年）が到来します。白黒テレビ、電気洗濯機、電気冷蔵庫といった耐久消費財の大幅な普及が後押ししました。石炭から石油へのエネルギーの転換も進みます。

1960年に発足した池田勇人内閣は**所得倍増計画**を発表しました。「3年間は成長率9％、10年間で農民の6割を減らす」と言明したのです。京浜、中京、阪神、北九州の4大工業地帯への集中を避けて均衡ある発展をうたった**全国総合開発計画**も62年にできました。また、新産業都市建設促進法が制定され「新産業都市」と指定された区域の産業開発が行われました。

1963年からは翌年の東京五輪で沸く**オリンピック景気**（〜64年）へと突入。「五輪を開く以上は先進国並みにならなければ」と64年、国際収支が理由の為替制限ができないIMF8条国に移行したり、「先進国クラブ」とあだ名される経済協力開発機構（OECD）に加盟したりしました。10月には東海道新幹線が東京─大阪間で開業します。

佐藤栄作政権下の1966年から70年までは**いざなぎ景気**が続きました。1ドル＝360円の固定相場に裏打ちされた円安と、石油などの原料安に支えられ、輸出では重化学工業製品が中心となります。自動車・カラーテレビ・クーラーの「3C」が国内消費を引っ張ります。68年には国民総生産（ＧＮＰ）が世界第2位になりました。
１９６９年には**新全国総合開発計画**が策定されました。全国を覆う新幹線網や高速道路網を整備するという壮大な計画です。

●公共事業の膨張

道路（トンネルや橋も含む）、河川、ダム、港湾などの施設を整備する公共事業は、右記の高度経済成長期に盛んであったとみなされがちですが、金額で比較する限り、むしろ80年代後半から20世紀末にかけてグングン上昇しています。

バブル経済崩壊からの対応という色彩も濃いのです。そのときの無駄遣いが今日の借金まみれの日本の原因となったという否定派から、そこで事業を打っていなかったら日本は沈没していたという肯定論まで、評価はさまざまで議論は今もなされています。

道路に関しては「道路特定財源」の存在が近年問題視され、制度そのものがなくなりました。ガソリン税や自動車重量税など車を使う人が払う税金を作って、それを道路建設に充てるというしくみです。その規模は年間5兆円を超えていました。しかし、これ以上日本のどこで道路が必要なのかと疑問視する声が高まり、２００９年に廃止となったのです。

「我田引水」ならぬ「我田引鉄」という言葉も一時期はやりました。政治家が自分の票田のために鉄道を引くという意味です。

単に敷設するのみならず、地元を急行の発着駅にするなど圧力をかけて実行してきました。高速道路や新幹線、主要幹線は地方に住む人からすれば「どうしてもほしい」ものでしょうが、「中央との太いパイプ」があるとうたう与党議員が、その計画や予算を勝ち取ってくるという地元利益誘導型の政治は、インフラ整備の本来のあり方をゆがめると強い批判にさらされてきました。

ただその一方で、経済的に立ち後れたふるさとに少しでも還元するという姿勢は一定程度許されるという考え方もあり、難しい問題でもあります。

6 少子化と地方分権の流れ

これからの日本の姿と政治

日本創成会議・人口減少問題検討分科会（座長・増田寛也元総務大臣）が２０１４年に位置づけた日本の将来像（「ストップ少子化・地域元気戦略」）は衝撃的で、今後、全国の市区町村の約半分が自治体としての機能を果たせず消滅する可能性がある、という内容でした。

すでに日本の人口は減少しており、２０５０年頃には1億人を割り込むと予測されます。現在、社会の高齢化が進んでいるといわれますが、地方の多くは高齢者も増えず、どの世代も減っている状況です。高齢者まで減ると、年金で支えられていた地域の経済は崩れてしまい、働き口を求める若者の大都市への移住が加速化する結果、地方の「消滅」と大都市の「極点化」が同時に進むという内容でした。

考えてみれば１９６２年の全国総合開発計画（247ページ）以来、「地方へ雇用」をという発想は何度も浮上しては失敗を繰り返しています。やみくもに若い女性へ「子どもを産め」と唱えても、子育ての環境や経済力などがともなわなければ難しく、個人の選択に口をはさむような行為はふさわしくないともいえます。

ずいぶん昔から地方分権の切り札のように訴えられてきた道州制も、メドが立っていません。47都道府県から全国を9～13のブロック（道州）に再編して、アメリカの州のように国の仕事や立法権、課税権の一部を移し、その土地に合った行政サービスを提供していこうというアイデアです。例えば、東北6県を「東北州」とすれば人口は約900万人。これだけの規模になって権限が大きく移されれば何かができそうです。

しかし半面で、都道府県単位の仕事を道州が引き継ぐのであれば、大きすぎて住民へのサービスが低下するとか、「東北州」の州都を仮に仙台に置くとなれば、他の県庁所在地が力を失い、「仙台一極集中」になるのではないか、といった反論があります。

憲法は地方自治に関して「地方公共団体の組織及び運営に関する事項は、地方自治の本旨に基いて、法律でこれを定める」（92条）とザックリとしか定めていません。

立法権を条例（208ページ）の範囲内で済ませるならば改憲の必要はないという意見が多いようで、道州制はやろうと思えば可能です。道州制でなくとも、地方自治の推進について何も手を打たないと、自治体の消滅が待っています。あまり時間は残されていません。

7

1票の格差の拡大

平等な選挙をどう実現するか？

KNOWLEDGE OF POLITICS FOR CITIZENS

「1票の格差」とは、それぞれの「選挙区」で選ばれる議員1人当たりの有権者数の比で示されます。２０１４年の衆院選では、有権者数が最も多い東京1区が約49万６０００人で、最も少ない宮城５区では約23万１７００人と2・14倍。つまり宮城５区の有権者の1票が東京1区の2倍以上の価値を持ちます。こうした状況は、憲法14条の「すべて国民は、法の下に平等」（あなたと私は人として同じ価値がある）に反し、「著しい不平等」があるとして最高裁は衆参両院に「違憲状態」との判断を示しています。

特に衆議院が深刻で、２００９年の総選挙で「違憲状態」とされた区割りのまま２０１2年の総選挙をやってしまい、高裁レベルでは「違憲」判決が続出。なかには選挙無効まで踏み込んだケースも出てきました。13年に出た最高裁判決は、からくも「違憲」ではなく「違憲状態」とされました。

半面で２０１４年の総選挙は、格差は2倍以上ながら若干改善したので、「合憲かも」

という楽観論が一部にありました。しかし、最高裁の判決は「違憲状態」。3つの総選挙で3回連続「違憲状態」という異常事態です。

衆議院の選挙区の区割を決める審議会設置法にも、最大格差は2倍未満にするのを「基本」としており、この法律にも違反しています。衆議院で格差を生む元凶の1つとして最高裁が廃止せよと国会に迫っているのが「1人別枠方式」です。これは、小選挙区の定数をまず47都道府県に1つずつ割り振り、残りを人口比例で配分するものです。この結果、人口の少ない県でも2人が確保できます。

参議院の最大格差は1986年の5・85倍が合憲だったので、2013年の4・77倍は「まだまだ」と楽観視する声がありました。しかし衆議院の選挙区間の最大格差は2倍未満を基本とすると定められているなか、「参議院は衆議院では許されない格差が生じても仕方がない」と説明することは不可能です。参議院は任期6年で3年ごとの改選。選挙区の単位は都道府県ですので、最小の県でも2議席（改選1議席ずつ）ありました。最高裁は2010年の「違憲状態」判決で、「この都道府県単位を改めなさい」と求めました。

参議院選挙を翌年に控えた2015年、ようやく状況が動き、公職選挙法の改正案が可決成立しました。この目玉は「合区」で、鳥取県と島根県、徳島県と高知県を一緒の選挙区にする新制度が導入されました。05年の国勢調査の結果で計算すると、参議院の一票の格差は最大で2・974倍。衆議院の合理的格差である2倍未満にはまだ遠く及ばないものの、改善は顕著です。

衆議院についても、ようやく人口比をより反映しやすい、アダムズ方式といわれる議席配分方法の採用が2016年5月に決まり、一票の格差を少なくしようとしています（2020年の国勢調査を踏まえて実施）。

同時に衆議院の定数を10削減する改正も行われました。本書で扱ってきた「衆議院定数465」などは、この改正に基づいています。ただし、実際にこの定数で選挙を行うには、衆議院議員選挙区画定審議会が線引きした上で、公職選挙法を改正しなければなりません。1年以上かかる見込みで、それまでに解散があれば定数475のまま実施されます。

格差があるのが資本主義社会というのは事実です。しかし、「1票の格差」における「格差」はそういうニュアンスと異なります。自分より2倍頭がいい人や2倍努力した人がテストで2倍の点を取るという意味ではなく、同じテストを受けたのに住んでいる場所で得点を半分以下にされる「格差」といえば、たいていの人は激怒するはずでしょう。

私たちはこの問題について、もっと真剣に考えていかなければならないのです。

坂東太郎（ばんどう　たろう）
ニュース解説者。1962年生まれ。毎日新聞記者などを経て現在、早稲田塾論文科講師、日本ニュース時事能力検定協会委員、十文字学園女子大学非常勤講師を務める。著書に『マスコミの秘密』『時事問題の裏技』『ニュースの歴史学』など。ニュース解説サイト「THE PAGE」にて「早稲田塾講師 坂東太郎のよくわかる時事用語」を連載中。

“知《し》ってるつもり”から抜《ぬ》け出《だ》す！
「政治《せいじ》のしくみ」が〈イチから〉わかる本《ほん》

2016年6月20日　初版発行

著　者　坂東太郎
発行者　吉田啓二

発行所　株式会社 日本実業出版社　東京都文京区本郷3－2－12 〒113-0033
大阪市北区西天満6－8－1 〒530-0047

編集部 ☎03-3814-5651
営業部 ☎03-3814-5161　振　替　00170－1－25349
http://www.njg.co.jp/

印刷／堀内印刷　製本／共栄社

この本の内容についてのお問合せは、書面かFAX（03－3818－2723）にてお願い致します。
落丁・乱丁本は、送料小社負担にて、お取り替え致します。

ISBN 978-4-534-05394-7　Printed in JAPAN